Das Buch

Vieles bleibt Spekulation, bedingt durch den langen Zeitraum, der seit dem Leben hl. Fridolins vergangen ist, bleibt im Ungefähren, wenn auch versucht wurde, Hinweise zu konkretisieren, beziehungsweise von den allgemeinen Verhältnissen der damaligen Zeit her abzuleiten.

Die Kenntnis über das Leben des hl. Fridolin verdanken wir dem Säckinger Mönch Balther, denn durch die Verwüstung Säckingens durch die Ungarn im Jahre 938 war hier jeder schriftliche Bericht über den hl. Fridolin verloren gegangen. Balther hatte eine Handschrift über das Leben und das Wirken des hl. Fridolin in dem Kloster Eller (Helera) an der Mosel, das von Fridolin gegründet worden war, gefunden. Da er dieses Dokument weder mitnehmen noch abschreiben konnte, lernte er den Inhalt auswendig.

Wieder zurück in Säckingen schrieb er den Bericht auf und ergänzte ihn durch die in Säckingen und Umgebung noch vorhandene mündliche Überlieferung. Er unterschied allerdings genau zwischen dem Bericht aus dem Kloster Eller und der örtlichen Überlieferung.

Der Autor

Hermann Ays, geboren und aufgewachsen in Baden, fuhr ein Vierteljahrhundert zur See. 1991 ging er in Spanien an Land und lebt seit 2010 als Rentner in Hamburg.

Hermann Ays

Der hl. Fridolin und seine Zeit

2017
Herstellung und Verlag:
BoD - Books on Demand, Norderstedt
ISBN: 9783743174139

Martina für ihren Einsatz als Lektorin gewidmet.

Inhalt

Einleitung 09

1. Kapitel
Herkunft und Jugend Fridolins. Ein kurzer
Abriss der Geschichte Irlands und der Verhältnisse
dort zur Zeit des hl. Fridolin (464 – 538) 11

2. Kapitel
Fridolin in Frankreich und seine Suche nach der
Rheininsel 46

3. Kapitel
Fridolin erreicht die Rheininsel und sein Aufenthalt
in Säckingen bis zu seinem Tod 71

4. Kapitel
Wunder bei seinem Grab, Reliquien des hl. Fridolin
und ihr Verbleib, Christen in Irland/die keltische
Kirche 101

5. Kapitel
Das Missionsgebiet des hl. Fridolin und seiner
Mitbrüder, wichtige Entwicklungen und Ereignisse in
der Kirche 118

Anmerkungen 130

Literaturverzeichnis 149

Personenregister 151

Ortsregister 155

Einleitung / Vorwort

Der hl.Fridolin war nicht nur ein frommer Heiliger, sondern auch ein Mensch von ungewöhnlicher Tatkraft. Hoch gebildet, ein großer Redner und sich seiner hohen Herkunft bewusst, hatte er zu den wichtigen Herrschern seiner Zeit guten Kontakt. Er könnte ein Sohn des irischen Großkönigs Leogaire, des Sohnes und Nachfolgers des Königs Niall Noigiallach, des Begründers der irischen Königsdynastie der Ui Niall gewesen sein.

Auch eine uralte, irische Sage, die Rudolf Thurneysen überliefert hat, könnte auf das Wirken Fridolins in Irland spiegeln.

Vieles bleibt Spekulation, bedingt durch den langen Zeitraum, der seit dem Leben des hl. Fridolin vergangen ist, bleibt im Ungefähren, im Nebel der Vergangenheit, wenn auch versucht wurde, Hinweise zu konkretisieren, beziehungsweise von den bekannten allgemeinen Verhältnissen der damaligen Zeit her, zu begründen.

Die Geschichte des hl. Fridolin fand der Mönch Balther, gestorben 986, in dem Kloster Helara, denn der schriftliche Bericht über das Leben des hl. Fridolin war in Säckingen durch kriegerische Ereignisse Anfang des 10. Jahrhunderts verloren gegangen.

In seinem Vorwort zur Vita des hl. Fridolin berichtet Balter einiges über seine eigene Herkunft. Er war demnach ein Höriger (Leibeigener) des Klosters Säckingen und besuchte die Schule in St. Gallen. Diese Schule war eigentlich nur für die Söhne der Adligen gedacht und für einen Hörigen unerschwinglich. Schüler, die das Schulgeld nicht aufbringen konnten, mussten ihren Lebensunterhalt durch Arbeit bestreiten. So auch Balther. Nach der Schulzeit wanderte er vier Jahre als ‚fahrender Mönch' durch das heutige Frankreich.

Unterwegs machte er Station in dem Kloster Helara. Hier zeigte man ihm zwei Bücher mit den Vitae des hl. Fridolin und des hl. Hilarius. Da aber Pergament und Tinte im Kloster nicht zu bekommen waren, lernte er den Text auswendig und schrieb ihn später in Säckingen aus dem Gedächtnis auf. Balther unterschied in seinem Bericht zwischen dem Text aus dem Kloster Helara (Eller) und der in Säckingen noch vorhandenen Überlieferung.

Für die Annahme, dass Säckingen ursprünglich eine keltische Siedlung gewesen ist, die zur Zeit der römischen Herrschaft einen lateinischen Namen erhielt, gibt es zahlreiche Anhaltspunkte.

Der Ort ist dann aber in den Wirren der Zeit, untergegangen.Vermutlich hat das schwere Erdbeben von 250 n.Chr. ihm den Rest gegeben.Auf jeden Fall berichtet die Überlieferung, dass Säckingen häufig im Zentrum kriegerischer Verwicklungen gestanden hat.

Zum anderen wird der Name der Säckinger Insel mit Gallinaria überliefert. Trifft dies zu, bedeutet das, dass der hl.Martin sich eine Zeit lang auf der Säckinger Insel aufgehalten hat.

Die Grundlagen dieses Buches sind das von Pfarrer Joseph Schuler verfasste Werk „Sankt Fridolin – Sein Leben und seine Verehrung", erschienen 1904 im Verlag von Hermann Stratz in Säckingen, das von der Historikerin Margrit Koch veröffentlichte Buch „Sankt Fridolin und sein Biograph Balther" und andere.

Die Berichte über die Orte mit einem Bezug zum hl. Fridolin und das Brauchtum um ihn datieren alle aus der zweiten Hälfte des 19. Jahrhunderts. Seitdem haben zwei Weltkriege stattgefunden, Elsass und Oberrheintal waren Kampfgebiet und da sind möglicherweise das eine oder andere Bauwerk, das einen Bezug zu dem hl. Fridolin hatte, verschwunden.

Auch von dem mit dem hl. Fridolin zusammen hängenden Brauchtum mag so manches vergessen sein.

Hamburg 2011
Hermann Ays

1. Kapitel

**Herkunft und Jugend Fridolins.
Ein kurzer Abriss der Geschichte Irlands und der Verhältnisse dort zur Zeit des heiligen Fridolin (464 – 538)**

Der hl. Fridolin lebte und dachte in der keltischen Tradition Irlands, hatte die besten Schulen seiner Zeit besucht und wirkte später im Reich der Franken. Hochgebildet und ein großer Redner, hatte er zu den wichtigen Herrschern seiner Zeit guten Kontakt. Er könnte ein Sohn des irischen Königs Loegaire mac Neill, des Sohnes und Nachfolgers des Königs Niall Noigiallach, des Begründers der irischen Königsdynastie der Ui Niall gewesen sein.[1]

Dafür spricht nicht nur die Überlieferung, sondern sein ganzes Verhalten. Souverän ging er mit den Vornehmsten seiner Zeit um und wurde von diesen auch anerkannt.

Mit der Ankunft in Gallien legte Fridolin vermutlich seinen keltisch/irischen Namen ab und nahm einen fränkischen Namen an, denn Fridolin, Friedolin ist ein männlicher Vorname westfränkischer Herkunft, der mit dem germanischen „fribu" = Schutz vor Waffengewalt, Friede und der romanischen Koseendung „-lenus" gebildet wurde.[2]

Fridolin erscheint auch unter folgenden Namen:

Fridoldus (Handschrift Kloster Eller), Fridelinus, Firdolinus, Tridolinus, Tredelinus, Tudelinus, Friedhold, Friedenreich.

Den Beinamen Wanderer ‚Viator' erhielt Fridolin für seine apostolischen Wanderungen, die er für die Verbreitung der christlichen Lehre unternommen hatte. In die gleiche Richtung zielt „Tredelinus", ein Name, der mit dem fränkischen Wort „Trede" = Stufe, Tritt zusammenhängt. Fridolin predigte auf seinen Wanderungen in Gallien und Alemannien Christen und Heiden.[3] Im ehemals römischen Reich lebten noch zahlreiche Christen, die nicht in den Wirren der Völkerwanderung verschollen waren und auch den Ansturm der Hunnen unter Attila überlebt hatten.

Fridolins Abstammung

Fridolin wurde wahrscheinlich 464 als Sohn reicher Eltern aus höchstem Adel in Irland geboren. Seine Eltern waren Christen. Vermutlich stammte Fridolin aus der Gegend zwischen Armagh und Kildare. Sein Geburtsort lag eine Tagereise von der Küste entfernt. Armagh war ein Bischofssitz der römisch-katholischen, oder wie man damals sagte, athanasiaschen Kirche und in Kiladre lag das große, St. Brigida geweihte, Frauenkloster. Die Stadt Armagh liegt in der gleichnamigen Provinz im Nordosten Irlands in der Nähe des alten Emain Magach und Kildare in der Mitte Ostirlands.

In Irland hatte sich möglicherweise schon seit dem ersten Jahrhundert eine von Rom unabhängige, christliche Kirche, die keltische oder iro-schottische Kirche entwickelt.[4] Fridolin gehörte aber zweifellos zur römischen Kirche.

Es ist anzunehmen, dass er nach dem Brauch der Zeit als Kleinkind an Zieheltern gegeben wurde und dort mit anderen Kindern in der fremden Familie aufwuchs. Dabei hat es sich sicher um eine christliche Familie gehandelt, in der er christlich geprägt wurde.

Dieser alte Brauch war bei den keltischen Iren und Britonen weit verbreitet - sicher nur bei den Familien der oberen Gesellschaftsschichten. Der Brauch führte dazu, dass die Beziehungen zwischen den Zieheltern und den sogenannten ‚Milchgeschwistern' in der Regel viel intensiver waren, als die zu den leiblichen Eltern und Geschwistern.[5]

Vieles deutet darauf hin, dass Fridolin aus dem Geschlechte der ‚Ui Néill', der irischen Königsdynastie stammte. Deren Gründer Niall Noigiallach, der Großkönig von Irland hatte acht Söhne. Ihm folgte sein Sohn Lóegaire mac Néill nach, der die Verbreitung des römischen Christentums unterstützte.

Dieser Lóegaire mac Néill käme als Vater des Fridolin in Frage. Der überlieferte Hinweis, der Vater Fridolins sei Conranus, der König von Schottland gewesen, spricht dafür. Zur Zeit von Fridolin war Irland unter dem Namen ‚Schottland' = Land der Scotti allgemein bekannt. Die Iren nannten sich selbst ‚Scotti', wie auch Caesar berichtet.[6]

Diese Abstammung würde einiges erklären, sein Ansehen, seinen Reichtum und natürlich seine Verwandtschaft mit den mächtigsten Männern Irlands. Diese Herren schätzten sich glücklich mit Fridolin verwandt zu sein, denn sie glaubten durch Fridolin die Gnade Gottes eher erhalten zu können.[7]

Für seine königliche Herkunft spricht auch die Tatsache, dass Fridolin offensichtlich hoch gebildet war und ohne Probleme mit den Mächtigsten seiner Zeit, zum Beispiel mit dem Frankenkönig Chlodwig I. umging; von ihnen gefördert und unterstützt wurde. Vielleicht hatte er auch zu dem westgotischen König Alarich II. Kontakt, in dessen Einflussgebiet Poitiers noch zu der Zeit Fridolins gelegen hat.

Ein Zitat Balthers mag dies verdeutlichen:

„‚... dem Kindesalter entwachsen, widmete er sich dem Studium der Wissenschaften mit großem Eifer. In den Schulen wurde er mit allem bekannt, was damals zur weltlichen Bildung gehörte. Aber vor allem suchte er sich mit der höchsten Weisheit vertraut zu machen."[8]

Fridolin besuchte die besten Schulen, denn nur dort wurde das Wissen seiner Zeit gelehrt. Sicher unterschieden sich diese Schulen nicht sehr von den Schulen der ‚filid' (Priester, Dichter, Gelehrte) im vorchristlichen Irland, an denen der Nachwuchs des Adels und der ‚filid' ausgebildet wurden. Und die irischen Schulen waren die anerkannt besten Schulen ihrer Zeit, ob nun christlich oder traditionell geprägt.

Noch Jahrhunderte später waren die Absolventen dieser Schulen als Missionare oder als Berater der Könige überall in Europa tätig. Man denke nur an Alkunin, den Freund und Berater Karls des Großen. Sie galten im damaligen Europa als die größten Graecisten ihrer Zeit, denn in Irland wurde seit Jahrhunderten die griechische Sprache gepflegt.[9]

Wie schon Caesar berichtete, benutzten die keltischen Druiden für profane Angelegenheiten die griechische Schrift, denn die Druiden waren nicht nur Gelehrte und Priester, sondern sie organisierten auch die Verwaltung und den Handel.[10]

Hinzu kommt noch, dass wie einem Bericht über die wichtigen Feste in Tara entnommen werden kann, die immer mit großen Märkten und allerlei Wettbewerben wie Pferderennen verbunden waren, auch viele griechische Händler dort ihre Waren anboten. Diese handelten mit Waren des gehobenen Bedarfs, wie wertvollen Textilien, Schmuck und keramischen und metallischen Erzeugnissen. Sicher handelten sie auch mit Wein und Sklaven, den traditionellen Handelsgütern bei den festländischen Kelten.[11]

Doch zurück zu Fridolin. Zu seiner Verwandtschaft gehörten zahlreiche, mächtige Vettern. Das ließe sich durch die Tatsache erklären, dass Leògaire mac Niall sieben Brüder hatte, von denen drei Unterkönigreiche in Nordirland anführten. Deren Nachkommen wären dann die Vettern von Fridolin gewesen.

Ein weiteres Zitat würde dazu passen:

„Zu seinen Verwandten zählte Fridolin die Mächtigsten seines Landes, die sich glücklich schätzten, einen Mann von so heiligmäßigem Wandel, wie Fridolin, ihren Vetter nennen zu dürfen. Sie hielten dieses für eine große Ehre, aber auch für einen schätzenswerten Vorteil, indem sie durch die Verdienste Fridolins Gottes Gnade um so sicherer zu erlangen hofften."[12]

Eine typisch keltische Vorstellung. Für seine Verwandten war Fridolin eine Art Druide, wie sie es aus ihrer alten Kultur kannten. Der Druide stellte für den König die Verbindung mit der ‚anderen Welt' und deren Göttern und Geistern her. Er sprach die Sprache der Götter. Dass in der ‚anderen Welt' seit der zunehmenden Verbreitung des Christentums nur ein Gott herrschte, änderte an ihrer grundsätzlichen Einstellung zur jenseitigen Welt wohl nichts.

Auch war sich Fridolin seiner Herkunft durchaus bewusst, wie ein weiteres Zitat Balthers / J.Schuler nahe legt: „Fridolin suchte aber von Jugend auf den Adel seiner Geburt durch den Adel der Tugend zu erhöhen und schmückte sein Leben sorgfältig mit guten Werken."

„... er (Fridolin) übertraf die meisten seiner Landsleute an Reichtum .... war nicht sparsam mit seinen Geschenken und Gaben. Den Reichen reichte er kostbare Geschenke, um den Neid in ihren Herzen zu ersticken und sie anzuleiten, die Habsucht durch Freigiebigkeit zu bekämpfen und zu unterdrücken. ...

Die Armen erfreute er täglich mit reichem Almosen. Er wollte ihre Not lindern und sie zufriedener mit ihrem Schicksale machen. Sein Almosen gab er freudig und gerne, nicht mit Traurigkeit oder aus Zwang, denn er wusste einen freudigen Geber liebt Gott."[13]

Älter geworden fühlte Fridolin sich zum Priester berufen. Er entsagte den weltlichen Vergnügungen und widmete sich ganz der christlichen Lebensweise. Er ließ sich zum Priester ausbilden und empfing die Priesterweihe.

Ein weiteres Zitat Balthers / J.Schuler beleuchtet das Wirken Fridolins als Priester: „Nachdem er Priester geworden, widmete er sich mit apostolischem Eifer dem Predigeramte; er durchzog seine Heimat und die angrenzenden Gegenden und befestigte und bestärkte überall die Gläubigen im christlichen Glauben.

Doch er übernahm dieses Amt nicht aus eigener Anmaßung, sondern nur mit der Zustimmung der zuständigen kirchlichen Obrigkeit ...."[14]

Das könnte bedeuten:

a. Fridolin besuchte ursprünglich eine nicht unbedingt christlich geprägte Schule. Erst älter geworden (als Erwachsener?) fühlte er sich zum Priester berufen.

b. Fridolin missionierte nicht, sondern predigte in der ganzen Umgebung christlichen Einwohnern das Evangelium. Vermutlich predigte er den Anhängern der keltischen Kirche, die Rom gemäße Richtung des christlichen Glaubens, und er wandte sich sicher auch gegen die Irrlehre des Pelagianismus.

c. Fridolin predigte im Auftrag seiner kirchlichen Obrigkeit. Das ist ein klarer Hinweis auf die Einbindung Fridolins in eine Hierarchie. Dabei kann es sich nicht um die ‚keltische

Kirche', sondern nur um die römisch-katholische Kirche gehandelt haben, denn in der ‚keltischen Kirche' waren übergeordnete Strukturen wie Bistümer mit einem Bischof als Vorgesetzten der Priester und Laien unbekannt.

Es muss sich um ein Bistum des Palladius oder eines seiner Nachfolger gehandelt haben, den Papst Coelestin I. 431 als Bischof nach Irland geschickt hatte. [15]Vermutlich hat es in der Gegend von Tara viele „auf keltische Art" getaufte Christen gegeben, „Schäfchen" die aus Sicht Papst Coelestins I. wieder zurück in den Schoß der katholischen Kirche geführt werden mussten. Hinzu kommt, dass es aus Sicht des römischen Papstes erfolgversprechender war, zu versuchen, die Anhänger der ‚keltischen Kirche' für die katholische Kirche zu gewinnen, als Ähnliches mit den Arianern zu versuchen. Außerdem hatte er die Unterstützung des irischen Großkönigs Lóegaire mac Néill, ein nicht zu unterschätzender Vorteil.

d. Eine weitere Erklärung für seinen Erfolg ist sicher seine prominente Herkunft. Durch den Nimbus der Priesterkönige von Tara, den er als Mitglied der königlichen Familie besaß, stand er bei den irischen Völkern und Stämmen in großem Ansehen.

e. Wie es in den irischen Sagen anklingt, hatte es in Irland in vergangenen Zeiten eine Art Priesterkönigtum gegeben. Namentlich im Zusammenhang mit der Pferdegöttin ‚Epona' wird dies deutlich. Dabei handelt es sich um eine Spur in uralte Vorzeit vor der Einwanderung der Indoeuropäer. [16]

Fridolins Erfolg wurde sicher durch die sprichwörtliche Begeis-terungsfähigkeit der Kelten, von der auch eine ganze Reihe von antiken Autoren aus den verschiedensten Jahrhunderten berichten, verstärkt. Unter anderen bezieht sich der Apostel Paulus in seinem Brief an die Galater auf diese Tatsache. [17]

Der hl. Fridolin war als Prediger hoch angesehen.

Der Mönch Balther geht in seinem Bericht noch weiter auf den außergewöhnlichen Erfolg Fridolins ein, wie das folgende Zitat zeigt: „Durch seine unermüdliche Tätigkeit und großen

Erfolge seiner Predigten gewann Fridolinus die Hochachtung aller, ja man ehrte ihn nicht mehr wie einen einfachen Priester, sondern zeichnete ihn aus, wie einen Bischof."

Vielleicht sollen diese Worte Balthers andeuten, dass man ihn zum Bischof wählen wollte. Aber Fridolin fühlte sich eher zur Armut berufen, denn zu irgendwelchen höheren Ämtern und verteilte seinen großen Besitz. Einen Teil seines Vermögens gab er seinen Verwandten, den Rest an Arme, Witwen und Waisen und an Ordensleute beiderlei Geschlechts. Völlig mittellos zog er sich ganz in das klösterliche Leben zurück und wurde Mönch.[18]

Um diese Zeit gab Fridolin die Absicht bekannt, seine Heimat zu verlassen. Er fühlte sich nämlich von Gott dazu berufen, einen fernen Ort aufzusuchen, um dort das Wort Gottes zu verkünden.

Der Professor der katholischen-theologischen Fakultät an der Universität Tübingen E.I. Hefele bringt in seinem Buch (1837) ein weiteres Motiv für Fridolins Wegzug aus Irland an.

Zitat:

„Da gewahrte Fridolin, anderen das Heil predigend, in sich selber einen Feind seines eigenen Heils. Der Kitzel der Ehre, die Lust an dem Lobe, die Freude am Ruhme waren seinem Herzen nicht völlig fremd geblieben und er sah sich auf dem Punkte, wo die Eitelkeit allen inneren Werth menschlicher Großtat im Marke vergiftet. Fridolin floh, verließ die Stätte seines Ruhmes, floh hinüber nach Gallien ..."[19]

Als sein Entschluss bekannt wurde, dass er als Missionar außerhalb Irlands tätig werden wollte, entstand allgemeine Bestürzung und Trauer.

Es trauerten die Bischöfe und Priester, weil sie den erfolgreichen Prediger vermissten, denn er war durch sein apostolisches Wort eine feste Stütze des katholischen Christentums in diesem Teil Irlands geworden, und es trauerten die Fürsten, weil sie der Überzeugung waren, dass sie durch seinen Rat in weltlichen Angelegenheiten vor jeder Beleidigung der göttlichen Majestät bewahrt wurden und die Armen, weil sie ihren ‚Vater' und Fürsprecher verloren. Es trauerte das ganze Volk und wollte den heiligen Mann nicht aus dem Lande ziehen lassen. Alles wurde versucht, ihn von seinem Entschlusse abzubringen, aber Fridolin blieb standhaft.[20]

Das Beispiel der Fürsten zeigt, wie sehr die Zeitgenossen Fridolins noch von keltischen Vorstellungen geprägt waren. Insofern kann man die Kelten als ein sehr frommes Volk bezeichnen, denn sie lebten immer in dem Bewusstsein, dass es gemäß ihrem Glauben eine ‚andere Welt gab', mit vielen Wesen, Göttern und Feen, Fürsten und Mannschaften, deren Botschaften und Absichten der Priester kannte und interpretieren konnte. Ereignisse wurden in ihrer Welt auf das Wirken der Bewohner der ‚anderen Welt' zurückgeführt. Vernachlässigten sie ihre Götter, so mussten sie mit Vergeltung rechnen – im Gegensatz zu dem ‚Gott der Liebe' des Christentums. Es zeigt auch, wie fest die alten Vorstellungen, dem neuen Glauben zum Trotz, noch in den Menschen verankert waren.

Das trifft auch für einige der heute lebenden Iren zu. Mancher Volksbrauch und Aberglaube ist nichts anderes als ein Rest der keltischen Religion, verbrämt mit christlichen Vorstellungen und mit Heiligen, denen man anmerkt, dass es sich dabei ursprünglich um Bewohner der ‚anderen Welt' handelt, denen man ein christliches ‚Outfit' verpasst hat. Unter dem Mantel des Christentums rumoren sie noch, die alten Gottheiten ...

Eine weitere Spur führt möglicherweise zu dem historischen Fridolin. In den irischen Sagen gibt es in der von Rudolf Thurneysen überlieferten Version der St. Brendan Sage eine Gestalt, die auf den historischen Fridolin zurück gehen könnte.

Es ist die Sage von St. Brendan, dem Seefahrer, die im Mittelalter in ganz Europa verbreitet war. Als der Autor der verbreitetsten Version der St. Brendan Sage, der ‚Navigatio Brendani', gilt der Dichter und Abt-Bischof von Kerry, St. Brendan, der von 484 bis 578 lebte. Diese Sage wurde gegen 900, vielleicht auch schon im 8.Jahrhundert, schriftlich fixiert.

Bei der von R.Thurneysen überlieferten Version der Sage des St. Brendan handelt es sich offensichtlich um eine sehr alte

Version, in die viele noch ältere Sagenmotive verwoben sind. Ein Zitat mag das verdeutlichen.

Die Sage beginnt mit den Sätzen:
„Die zwölf Apostel Irlands waren in Clonard (Kloster) in der Lehre bei Finden (der selige Finian, Bischof und Abt des Klosters Clonard), da bereitete Finden den Aposteln und übrigen Heiligen Irlands ein Gelage. Wie sie am schönsten beim gemeinsamen Trunke des Gelages waren, sahen sie eine gewaltige Blume ohnegleichen als (Zeichen?) des Landes der Verheißung zu ihnen kommen. Da wuchs nun in ihnen der Drang und der Entschluss zu gehen, das Land der Blume zu suchen. "

Um es klar zu stellen, das Gelage fand in einem christlichen Kloster unter heiligen Mönchen statt. Und die ‚Blume des Landes der Verheißung' ist nichts anderes als die ‚Blume der Unsterblichkeit', die in manchen keltischen Sagen von den Helden gesucht wird – ein weit in die Vergangenheit der keltischen Iren weisendes Symbol. Auch der Begriff des „glänzenden Gott" erinnert an eine keltische Gottheit, „Bel" oder „Belenos" – „Der Strahlende".[21]

Die ganze Sage kann ihren keltischen Ursprung nicht verleugnen.

Die Seefahrtsgeschichte des Hl. Brendan ist nur die letzte Ausformung einer alten Sagengeschichte, die sicher auf eine oder sogar regelmäßige Fahrten über den Atlantik in alter Zeit zurückgeht.

Auch die Personen der zwei Brendans (Brenainn) in der Sage haben vermutlich historische Vorbilder. Die Brendans werden in der Sage durch ihr Alter und ihre Beinamen gekennzeichnet. Der ältere Brendan von Birr trägt den Beinamen ‚Siegeskraft des Herrschaftstums'. Dieser Beiname könnte die Zugehörigkeit Brendans des Älteren zu der herrschenden Sippe der Ui Neill, der Großkönige Irlands andeuten,

Die Person des zweiten Brendan mit dem Beinamen ‚der Seefahrer' ist genauer bekannt. Nach Ansicht der Wissenschaft handelt es sich bei ihm um den Dichter und Abt/Bischof von Kerry, St.Brendan (484 - 578), der heute als der Autor der Sage

‚Navigatio Brendani', der letzten Version der alten Seefahrergeschichte gilt. Ihm werden eine große Wirkung auf seine Landsleute und zahlreiche Klostergründungen in Irland, darunter das Kloster Clonfert, aber auch in Wales und in der Bretagne zugeschrieben.

Dieser Brendan stammte aus dem Geschlecht des Königs Fergus Mac Roich, des Königs von Ulster, der später als König Fergus I. in Westschottland amtierte. Fergus I., ein Enkel des Ui Neill starb 501, und sein Enkel Conranus herrschte ab 533 als König im südwestlichen Teil Schottlands.

Die beiden Brendans wären somit beide Mitglieder des mächtigen Clans der Ui Neill gewesen. Bei dem älteren Brendan von Birr könnte es sich um Fridolin handeln.

Einige Hinweise legen diesen Schluss nahe.

Da ist zum ersten die ähnliche Reaktion der Gefährten Brendans/Fridolins auf die Nachricht, dass er sie verlassen müsste und das große Ansehen, das er allgemein genoss.

Zitat für Brendan von Birr:

„Da versanken nun alle Heiligen Irlands in Schweigen und Sorge, weil es sie bekümmerte, dass es dem Senior, das heißt dem Ältesten der Heiligen Irlands und dem Weisen der Wahrsagung, zufiel, in den Schlund des Meeres und der großen See zu gehen."

„Schwer war für die Leute der würdigen Versammlung mit den schönen Trinkhörnern des Festmahls das Zusammentreffen ihres heilen Weisen und ihres Seniors mit dem Tritt des Meeres."

Nach diesem letzten Zitat wird Brendan von Birr in der Sage nicht mehr erwähnt. Seine Aufgabe, das Land der Verheißung zu suchen, übernimmt Brendan, der Seefahrer.

Möglicherweise spiegelt die Figur des Brandon von Birr nur die überraschende Abfahrt des hoch angesehenen Predigers aus königlichem Geschlecht zu neuen Gestaden, denn auch die Abreise Fridolins schlägt nach dem Bericht des Mönches Balther bei seinen zahlreichen Anhängern wie eine Bombe ein.

Ebenso weist die Bemerkung, dass manche Conranus, den König von Schottland, für den Vater Fridolins hielten, auf

Brendan hin. Conranus, der Enkel von König Fergus I. war König von Argyll in Westschottland. St. Brendan, der Seefahrer, stammte aus dem Geschlecht des Königs Fergus I.

Vermutlich hat ein Autor die beiden Brendan verwechselt und Brendan von Birr irrtümlich der Sippe des Fergus zugeordnet.

Außerdem hatte Fridolin vor seiner Abreise sein Vermögen verschenkt und war in vollkommener Armut in ein Kloster eingetreten, eine weitere Übereinstimmung mit Brendan von Birr. Auch war Fridolin, geboren 464 deutlich älter als Brendan, der Seefahrer, geboren 484.

Ferner ist die Bemerkung, St. Brendan, der Seefahrer, hätte Klöster in Wales und in der Bretagne gegründet, möglicherweise auch auf eine Verwechslung zurückzuführen. Es liegt näher, dass Brendan/Fridolin die Klöster auf seiner Reise selbst gegründet hat, wie er es im Reich der Franken, in Alemannien und in Rhaetien wiederholt getan hat.

Gut, diese ganzen Bemerkungen sind kein Beweis dafür, dass Brendan von Birr mit Fridolin identisch ist, aber sie sind doch gewichtige Hinweise, die diese Möglichkeit wahrscheinlich machen, vor allem vor dem Hintergrund der vielen Einzelheiten, die trotz der lange vergangenen Zeit an uns heutige überkommen sind.[22]

Doch weiter zu Fridolin.

Bei seiner Abreise wurde er von seinen Verwandten und zahlreichen Anhängern begleitet. Des öfteren hielt Fridolin inne, stützte sich auf seinen Wanderstab und tröstete die weinende Menge.

Er sprach zu ihnen (ein Zitat Schuler / Balther):

„Meine theuersten Freunde, Verwandte und Mitbürger! Ist es euch denn nicht bekannt, dass mich keine Ehre der Welt zurück halten darf von meiner Reise in fremdes Land, da der Himmel selbst sie mir aufgetragen?.Warum sucht ihr mich daran zu hindern, da doch die ganze Welt mich nicht abhalten kann, den Willen Gottes zu erfüllen?"

Dieses Zitat zeigt, dass Fridolin, trotz seiner irisch/ keltischen Herkunft und auch seiner keltischen Denk- und Verhaltensweisen, man denke nur an seine Einstellung zu Frauen, als er später in Säckingen in seinem Kloster eine Frau zur Vorgesetzten von Priestern machte, ein Unding in der römisch / germanischen Gesellschaft, ein grundsätzlich anderes Weltbild als seine Zeitgenossen hatte. Der Ausdruck ‚Mitbürger' macht stutzig. Er passt so gar nicht in die keltische, wohl aber in die römisch-katholische Welt. ‚Civis' bedeutete im römischen Reich der Bürger – ein starker Gegensatz zu den keltischen Vorstellungen, in denen der Einzelne sich nicht, wie der Römer als Bürger eines Staatswesens begriff und auch entsprechende Privilegien genoss, sondern in erster Linie als Mitglied einer Familie, dann eines Stammes.

Der Ausdruck ‚Mitbürger' ist somit ein weiterer klarer Hinweis auf die römisch/katholische Prägung Fridolins.

Gegen Abend erreichten sie die Küste und übernachteten dort. Am anderen Morgen predigte Fridolin noch ein letztes Mal und erteilte seinen Anhängern einen letzten Segen, bevor er das Boot bestieg und über das Meer fuhr.[23]

Fridolin bestieg wahrscheinlich einen ‚Curragh', ein mit Leder bespanntes kleines Boot, das sowohl gerudert als auch gesegelt werden konnte, dessen Typ schon Caesar beschrieben hat und der mitunter noch heute in Gebrauch ist.

Der ‚Curragh' war das gebräuchliche Boot in Irland. Zu Caesars Zeiten (1.Jhd.v.Chr.) bestand es aus Korbgeflecht (Weiden) bespannt mit Kuhfellen. Bei einer Länge von 4,80 m bis 5,50 m und einer Breite von etwas weniger als einem Meter, konnte es bis zu zehn Mann aufnehmen.

In späteren Zeiten wurde das Korbgeflecht durch ein hölzernes Gerippe und die Kuhhaut durch Leder, beziehungsweise geteerte Leinwand ersetzt. Dieser Bootstyp galt als besonders seetüchtig und wurde sowohl auf der offenen See, als auch auf den Flüssen benutzt. Er hielt sich an der Westküste Irlands und Schottlands bis in unsere Zeiten.

Auch den Namen ‚Curragh' benutzte schon Caesar. Er schrieb auch, dass die Iren mit dem Curragh den Atlantik befuhren.[24]

Wie von Fridolin berichtet wird, startete er am Strand. Für einen solchen Start war der ‚Curragh' ideal. Mit einigen Männern konnte das Boot über den Strand gezogen, beziehungsweise ins Wasser getragen werden. Auch von dem hl. Columban wird berichtet, dass er ein ‚Curragh' benutzt hat, um von seiner Insel zum Festland überzusetzen.

Eine Notiz aus dem Jahr 1795 berichtet von einem Curragh, der so leicht war, dass ein Mann ihn allein auf dem Rücken nach Hause tragen konnte.

Auch die Sachsen sollen in mit Kuhfellen überzogenen Booten bis nach Britannien und Gallien gefahren sein und im 3. Jahrhundert die Nordsee als Piraten unsicher gemacht haben. Ein Autor des frühen 19. Jahrhunderts, Friedrich Kortüm, vertritt die begründete Ansicht, dass die heidnischen Pikten Schottlands mit den Sachsen blutsverwandt gewesen seien.[25]

Fridolin setzte sicher zur englischen Küste über. Das Wetter an seinem Abreisetag muss ruhig gewesen zu sein, denn seine an Land zurückgebliebenen Begleiter konnten ihn noch sehr lange sehen „bis er ihren Augen zu entschwinden begann... , erhoben sie ihre rechte Hand und winkten ihm das letzte Lebewohl zu."

Eine größere Brandung, wie sie bei höherem Seegang auftritt, hätte seinen Start am Strand verhindert und die in diesem Seegebiet sehr häufigen Regenschauer hätten es den Beobachtern an Land unmöglich gemacht, seine Fahrt zu verfolgen. Weil es im Winterhalbjahr wegen der häufigen Stürme nicht ratsam war, sich der See anzuvertrauen, kann davon ausgegangen werden, dass Fridolin im Sommerhalbjahr unterwegs war.

Vielleicht ist es an dieser Stelle angebracht, zuerst einmal auf die Geschichte Irlands und die gesellschaftlichen Verhältnisse unter den dort lebenden Kelten einzugehen. In diesen Zusammenhang ist es interessant, dass der hl. Fridolin in Süddeutschland und speziell auch in Säckingen in einer Landschaft wirkte, deren Bevölkerung noch immer zu einem großen Teil keltischen Ursprungs war.

So passt auch die Feststellung des Joh. Stumpff, Zürich 1584, dass Fridolin den Helvetiern, Rhetiern und Rauracern den christlichen Glauben gepredigt hat. Diese drei keltischen Stämme siedelten ursprünglich in dem Missionsgebiet Fridolins und waren weder durch die Römer noch durch die eingewanderten Alemannen vertrieben worden. Es ist denkbar, dass diese Völker noch ihre alten keltischen Dialekte sprachen. Diese Tatsachen erklären vielleicht auch den großen Erfolg Fridolins und des von ihm gegründeten Missionswerks, denn er sprach nicht nur eine keltische Sprache, sondern viel wichtiger, er war mit der keltischen Mentalität vertraut.

Ein Kennzeichen dieser keltischen Kultur waren ihre Völker übergreifenden Eigenheiten. Man hatte eine gemeinsame Überlieferung, Sitten und Gebräuche und wenn nicht die gleichen, so doch sehr ähnliche Sprachen.

Zunächst zu Irland

Die irische Insel erlebte im Laufe ihrer Geschichte etliche große Einwanderungswellen. Gestützt auf archäologische Forschungen, Überlieferung und andere Quellen, teilt man die Einwanderer auf der irischen Insel grob in folgende Einwanderungswellen:

Die ersten Menschen erschienen in Irland etwa 8000 v.Chr. Dabei handelte sich um mesolithische Jäger und Sammler, deren Siedlungen überwiegend in der Nähe der Küste lagen und es ist wahrscheinlich, dass sie in einem gewissen Rahmen die Kunst der Seefahrt beherrschten.

Etwa um 4500 v. Chr. trafen Ackerbauern mit Viehhaltung und Getreideanbau in Irland ein. Sie gehörten zu der Megalith-Kultur, die im ganzen Mittelmeer und an den atlantischen Küsten ihre Monumente, hauptsächlich Megalith-Gräber, auch als Hünengräber bekannt, hinterlassen hat.

Gegen 2500 v. Chr. erreichte die Glockenbecher-Kultur Irland, die Metallbearbeitung begann. Das für die Herstellung der Bronze benötigte Kupfer wurde in Irland abgebaut, das

Zinn aus Cornwall importiert. Die früheste Kupfermine befindet sich auf Ross Island in County Kerry, die von 2400 bis 1800 v. Chr in Betrieb war. Man nimmt an, dass Irland in der Bronze-Zeit einer der Hauptexporteure für Kupfer war. In dieser Zeit wurde in Irland auch Gold gefördert und exportiert, denn Goldschmuck aus Irland (Lunulae) wurde in Deutschland und Skandinavien gefunden. Das lässt auf entwickelte Strukturen mit erfahrenen Handwerkern und auf einen florierenden Fernhandel über See schließen.

Wegen der genetischen Verwandtschaft zwischen der irischen und der baskischen Bevölkerung vermuten Anthropologen, dass die präkeltischen Sprachen in Irland in einer gewissen Beziehung zu der baskischen Sprache ‚Euskara' stehen.

Während der Bronzezeit eroberte das Volk der Erainn Irland. Ptolemäus nennt sie ‚Iverner'.[26] Wahrscheinlich handelte es sich dabei um Angehörige einer präkeltischen Kultur, die auch im übrigen Westeuropa verbreitet war.

Als letzte Einwanderer kamen die ‚Milesier', die Söhne des Mil, aus Nordspanien. Mil war der Sohn des Bile und seine Frau hieß Scotta. Die Invasoren sind um das Jahr 600 v. Chr. in Irland angekommen und dabei hat es sich vermutlich um Angehörige der in Europa verbreiteten keltischen Hallstadt-Kultur gehandelt. Sie waren wohl auch die Träger des Goidelischen, einer keltischen ‚qu'-Sprache. Goidelisch ist eine ältere Form der gälischen Sprache.

Die Einwanderer können aber nicht sehr zahlreich gewesen sein, denn sie hinterließen keine genetischen Spuren in der irischen Bevölkerung. Die Genetiker können keinen Unterschied zu der prae-indoeuropäischen Bevölkerung Irlands feststellen.

Etwa 300 v. Chr. brach in Irland die Eisenzeit an, denn es kam zu einer Einwanderung brythonischer, (p)-keltisch sprechender Stämme aus Gallien über Britanien, welche die Latene-Kultur, eine ab 400 v. Chr. in ganz Europa verbreitete keltische Kultur, mit eigenem Stil und gesellschaftlichen Strukturen, nach Irland brachten. Die Ankömmlinge nahmen zwar die (qu)-Sprache der Eingeborenen an, aber ihre Kultur setzte sich in Irland schnell durch.[27]

Daneben gibt es in Irland einen großen Schatz an Überlieferungen, denn es wurde niemals von den Römern erobert und behielt dadurch, über die Einführung des Christentums hinaus, seine überkommenen gesellschaftlichen Strukturen. Die irischen Mönche schrieben zahlreiche Sagen und Geschichten auf und erhielten sie so für die Nachwelt.

Nach der Überlieferung des Tuan Mac Carill, eines Druiden, der die Geschichte Irlands in seinen Metamorphosen miterlebt hatte, gab es im Laufe der Geschichte fünf Einwanderungswellen in Irland. Tuan Mac Carill soll mit dem heiligen Finnian (Fintan) identisch sein – Möglicherweise wurde dies von den christlichen Mönchen eingefügt.[28]

1. Partholan segelte mit seiner Frau Dealgnat und 1000 Begleitern in die Donegalbucht in Nordwest-Irland, 278 Jahre nach der ‚Großen Flut' im Jahre 2678 v. Chr. Sie kamen aus einem „Land der Toten", vielleicht aus Griechenland, oder Nordafrika.

Eine andere Version der Sage berichtet, Partholan habe seinen Vater umgebracht und sei wegen des Verbrechens aus der Heimat geflohen. „Partholan, so sagte man, kam von Westen nach Irland, von einer weit entfernten Welt jenseits des unerforschten Atlantiks, wo das irische Feenland, das der glücklichen Seelen, gelegen war.

Sie schlugen zahlreiche Schlachten gegen die Fomorier, die Ureinwohner Irlands. Nach 300 Jahren erlagen sie einer Seuche. In einer Woche starben 9000 Menschen..

2. Nemed und seine Begleiter könnten ebenfalls aus der gleichen Gegend (Griechenland) gekommen sein. Sie kämpften ebenfalls gegen die Fomorier. Auch die Nemeder erlagen zum Teil einer Seuche und wurden von den Fomoriern unterworfen. Aber sie erhoben sich erneut und eroberten eine Festung der Fomorier auf Tory Island, erlitten aber solche Verluste, dass sie das Feld räumten und nach England auswanderten.

Die Fomorier wurden von ihren Gegnern nicht als Menschen anerkannt, wie es auch die germanischen Überlieferungen erwähnen. Bei ihnen könnte es sich um Nachfahren der Megalith-Völker handeln. In den Sagen werden sie als Riesen beschrieben – angesichts ihrer Bauwerke naheliegend. Möglicherweise ist darin auch die Erklärung zu suchen, dass sie nicht als Menschen anerkannt wurden.

3. Die alten Berichte nennen das Jahr 1932 v. Chr. als das Datum für die Invasion der Fir Bolg in Irland. Die Invasoren bestanden aus Kriegern der Stämme Fir Bolg, Fir Domhnain und Gailion. Der Anführer der Fir Bolg war Semion, der Sohn des Stariath.

Auch die Nachkommen der seinerseits geflohenen Nemeder sind mit von der Partie.

Nennius, ein irischer Geschichtsschreiber des 8. Jahrhunderts behauptet, die Invasoren seien aus Spanien gekommen. Spätere Legenden berichten die Fir Bolg stammten ursprünglich aus Griechenland. Ein König der Fir Bolg, Slainge, war der erste einer langen Reihe von Königen der Fir Bolg und erbaute die erste Königsburg bei dem religiösen Zentrum Tara. Der bekannteste König war Eochaid, der die spanische Königstochter Tailtiu heiratete, die eine Festung in der Provinz Mide besaß.

Ihr Stiefsohn Lugh richtete ein jährliches Fest als Totenverehrung für sie ein, das bis 1168 n. Chr. unter Hochkönig Roderick O'Connar jährlich am letzten Sonntag im Juli gefeiert wurde. Eochaid war der letzte König der Fir Bolg.

4. Das Volk der Tuatha De Dannan kam der Sage nach auf Schiffen aus dem Westen nach Irland. Thuata De Danann bedeutet: „Die Völker des Gottes, dessen Mutter Dana war."

Es fällt auf, dass es sich bei dem Lied des Tuan Mac Carill um die einzige Quelle handelt, in der die Thuata De Danan als Götter bezeichnet werden.

Der Anführer soll Beothach, der Sohn von Jarbonel, dem Seher gewesen sein. Die Tuatha De Dannan waren ein Volk halb mystischen Ursprungs. Sie wurden als Angehörige der ‚Anderen Welt' betrachtet und wie Sagen berichten, könnten sie aus Amerika, keltisch. ‚Y Bresail', gekommen sein. Andere Sagen berichten, sie hätten ihre Weisheit in den sagenhaften Städten Falias, Gorias, Finias und Murias im Norden gelernt. Die Lage der Städte ist unbekannt. Es könnten auch Städte in der ‚Anderen Welt' gemeint sein. Dafür spricht, dass für die Kelten der Norden die Gegend des Unheils war.

Bei Moyrein kam es zur ersten Schlacht zwischen Tuatha De Dannan auf der einen und den Fir Bolg, verbündet mit den Fomoriern auf der anderen Seite. In dieser Schlacht fiel Bres, der Anführer der Formoirer und Nuada, der Anführer der Tuatha De Dannan, verlor eine Hand. Die siegreichen Tuatha De Dannan überließen den Fir Bolg die Provinz Connacht im Westen Irlands als Landbesitz. Aber Nuada musste abdanken, da er nach der Vorstellung seines Volkes, ohne Hand nicht mehr ganz vollständig war und sein Amt nicht mehr ausüben konnte.

Sein Nachfolger wurde später wegen Unfähigkeit abgesetzt, und Nuada konnte mit einer künstlichen Hand aus Silber sein Amt wieder übernehmen. Der Abgesetzte floh zu den Fomoriern und verriet sein Volk. Es kam zu der Schlacht von Magh Tuireadh, in welcher die Tuatha De Dannan siegten und die Formoirer endgültig unterwarfen.

Der nächste König war Lugh. Nach Lugh herrschten drei Enkel des Nuada. Es waren die drei Könige:
Mac Cuill (Sohn des Haselstrauchs)
Mac Cecht (Sohn des Pfluges)
Mac Greine (Sohn der Sonne)
Und die drei Königinnen waren: Banba, Fodhla, Eriu,
Zu deren Zeit erschienen die Milesier und damit war die Zeit der Halbgötter, wie der Tuatha De Dannan vorüber.

5. Der Anführer der Milesier war der Poet und Barde Amergin. Sie gewannen die Gunst der drei Königinnen, die zugleich die dreifache Göttin der Insel verkörperten.

Die Milesier sind am ‚Beltene-Fest' in Südwestirland in Juber Scéne, in der tief eingeschnittenen Bucht von Kenmere an Land gegangen und besiegten das herrschende Volk der ‚Thuata De Danann' in der Schlacht bei Tailtiu. Die Tuatha De Dannan zogen sich daraufhin in die jenseitige Welt, in die Welt der Sidh zurück. Die ursprüngliche Bevölkerung wurde unterdrückt und lebte unter den neuen Herren weiter. Die Söhne des Mil nannten sich selbst ‚Scotti', wie Caesar berichtet.[29]

Nach dem ‚Lebor Gabála Érenn', einer Sammlung irischer, historischer Überlieferungen, biblischer Geschichten und Zitaten der Kirchenlehrer,[30] sind die Milesier (Söhne des Mil) aus Skytien, über Griechenland und Ägypten, Kreta und Sizilien nach Spanien gekommen und von dort nach Irland weitergezogen. Dazu passt, dass auch die Keltiberer in Spanien eine keltische ‚qu'-Sprache gesprochen haben.
Es gibt bei den keltischen Sprachen zwei Sprachgruppen, unterschieden nach dem Konsonanten ‚qu', der bei den späteren keltischen Sprachen in ‚p' verwandelt wurde. Der Konsonant ‚qu' wurde von den Völkern der ersten indoeuropäischen Einwanderungswelle gebraucht, die in der Bronze-Zeit in Europa einwanderten. Die Völker der zweiten indoeuropäischen Einwanderungswelle, die das Eisen kannten, benutzten statt des Konsonanten ‚qu' den Konsonanten ‚p'. Bei den keltischen Völkern kann man bei allen Vorbehalten ‚qu'-Kelten der Hallstatt-Zeit und die ‚p'-Kelten der Latene-Zeit zuordnen.

Politische Gegebenheiten
Die herrschende irisch/keltische Gesellschaft setzte sich aus verschiedenen politischen Einheiten zusammen. Auf der untersten Stufe stand die Familie (‚fine'). Eine vollständige Familie in Irland umfasste vier Generationen unter der Leitung des Familienoberhaupts, Vater (‚cenn fine') genannt. Mehrere Familien bildeten einen Stamm (‚tuath'), der von einem König, (‚Ri'), angeführt wurde. Ein Stamm umfasste etwa zwei- bis dreitausend Mitglieder und bestand aus Freien, Klienten und Unfreien.[31]
Der Stamm war die politische Grundeinheit, mit einer klar gegliederten, inneren Hierarchie, eigener Rechtsordnung und teilweise eigenen Göttern. Die soziale Stellung des Einzelnen

innerhalb des Stammes wurde durch den Viehbesitz festgelegt, da das Land sich im gemeinschaftlichen Besitz befand.

Viehbesitz war das Privileg der Freien (‚flaithi'), die sich aus den Mitgliedern der dominanten Familien, eine Art Adel, zusammensetzten. Nach der Überlieferung bestand diese Klasse aus sieben hierarchisch gegliederten Untergruppen. Aus den Adligen, die Waffen tragen durften, den ‚fèni', setzte sich die Stammesversammlung (‚oenach') zusammen. Die wichtigste Aufgabe dieser Versammlung war die Wahl des Königs.

In Kriegszeiten hatte der König eine nahezu diktatorische Vollmacht, in Friedenszeiten aber wurden alle Entscheidungen in der Stammesversammlung, welcher der König nur vorsaß, einvernehmlich gefällt. Bei schwerwiegenden Verstößen konnte der König abberufen werden.

In der sozialen Hierarchie folgten zwei weitere Hauptkategorien von bedingt souveränen Gefolgsleuten, genannt Begleiter oder Klienten (‚céile'). Für diese Gefolgsleute gab es zwei Möglichkeiten, Vieh von einem Adligen zu pachten. Zum einen leistete der Pächter dem Besitzer im Jahr Abgaben im Gegenwert von etwa einem Drittel des überlassenen Viehbestands, oder zum anderen übertrug der Pächter verschiedene Persönlichkeitsrechte auf den Besitzer des Viehs. In der Folge dieses Pachtvertrags verlor der Pächter seinen eigenen Rechtsstatus, war also vollkommen vom Verpächter abhängig. Der Umfang des überlassenen Viehbestands, Ehrenpreis oder Abfindungspreis genannt, richtete sich nach der gesellschaftlichen Stellung des Pächters. Je höher der gesellschaftliche Stand des Pächters, desto größer fiel der überlassene Viehbestand aus. In der Regel konnte dieser den Vertrag zu Lebzeiten nicht lösen.

Der König hatte das Recht und die Pflicht, Mitgliedern des Stammes Land zuzuweisen, damit sie Aufgaben für den Stamm erfüllen konnten. So zum Beispiel der Beherberger (‚Hospitalier'), der sicher einer der Gruppen der Freien angehörte, denn dieses Amt erforderte einen gebildeten Mann, der auch das Vertrauen des Königs haben musste. Der Beherberger hatte die Aufgabe Stammesmitglieder und fremde Besucher zu verpflegen und zu beherbergen. Zu diesem Zweck erhielt er vom König direkt etwa 800 ha Land mit zahlreichen Viehherden und einer größeren Zahl von Knechten (cumal) und Sklaven (mug), die er seinerseits wiederum an eigene Klienten weitergeben konnte. Der gesellschaftliche Status des Beherbergers hing von der Anzahl seiner Gefolgsleute ab, je zahlreicher seine Klienten, desto höher sein gesellschaftlicher Rang.

Ein ähnliches Abhängigkeitssystem gab es auch auf der Stammesebene. Machthungrige Stammesfürsten versuchten ihre Macht durch die Angliederung anderer Stämme auszuweiten. Wenn es gerade angebracht war, unterstellte sich der König mit seinem Stamm einem Oberkönig, der seine Gruppe wiederum in eine noch stärkere Einheit einbringen konnte.[32] Man schätzt, dass es in Irland etwa 150 verschiedene Stämme gegeben hat.[33]

Zur Zeit Fridolins bestand Irland aus zwei Reichen. Das größere war das Reich der Uí Niall (Söhne des Niall) mit der Hauptstadt Tara, dem wichtigsten Heiligtum, während die Eognachta (Connachta) im Süden Irlands ein eigenes Reich mit der Hauptstadt Cashel in der Provinz Munster begründet hatten, das aber keine große Rolle spielte.

Außerdem war Irland in fünf traditionelle Provinzen eingeteilt:

1. Ulster mit der Hauptstadt Emain Magach im Norden.
2. Connaught mit der Hauptstadt Cruachain im Westen.
3. Leinster mit der Hauptstadt Dinh Rig im Südosten
4. Munster mit der Hauptstadt Cashel im Süden.
5. Mide mit der Hauptstadt Tara, dem kulturellen Zentrum.

Zeitweilig handelte es sich bei Mide um eine Art symbolisches Königreich, das politisch nicht sehr stark in Erscheinung trat, und vielleicht nicht viel größer war, als der heilige Bezirk Tara.[34]

Jeder dieser Provinzen stand ein König vor. Den Titel Großkönig (‚Ard Ri') beanspruchte zur Zeit Fridolins der König von Tara aus der Familie der ‚Ui Neill'. Tara war damals das wichtigste Heiligtum, das gesellschaftliche Zentrum, an dem seit Jahrhunderten die großen Festlichkeiten veranstaltet wurden und gleichzeitig die Hauptstadt des Reiches der ‚Ui Neill'. Hier lag auch der Grabhügel der Muttergöttin Tea, der legendären Gründerin der Residenz Tara.[35]

In Tara amtierte auch der wichtigste Druide, der Berater des Großkönigs. Bei den Kelten waren Politik und Religion untrennbar miteinander verbunden, denn der König richtete sich nach dem Willen der Götter und den Willen der Götter kannte der Druide.

Die Einteilung Irlands in die fünf Provinzen geht auf den Herrscher Conn Cètchath, genannt der ‚Held von hundert Schlachten' den König von Connaught zurück, der im 2. Jahrhundert v. Chr. die Verhältnisse in Irland neu ordnete. Er gründete auf den Trümmern der Provinz Leinster das Reich Mide mit Tara, dem uralten Heiligtum, als Hauptstadt. Er schuf neue Provinzen. Munster wurde vereinigt, von den anderen vier Provinzen nahm er Teile um Uisnech, dem zweiten Heiligtum Irlands weg und bildete daraus die Provinz Mile, die er dem Königsgut zuschlug. Er ließ sich ‚Ard-Ri' (Großkönig) nennen. Der Titel bleibt bis zum Ende der irischen Selbständigkeit erhalten, wenn auch über weite Strecken nur als theoretische Macht.[36]

Alte Überlieferungen weisen allerdings auf vorkeltische Provinzen hin, deren Aufteilung zum Teil noch auf die Ureinwohner Irlands, die Fomorier zurück geht. Nach den jeweils führenden Fürstenfamilien wurden die Provinzen ‚Lagin' (im Südosten und Teilen Zentralirlands), ‚Ulaid' (nördlich von Boyne und Erne) und ‚Érainn' (im Süden) genannt. Auch damals schon beruhte die politische Macht auf der Herrschaft über die religiösen Zentren.[37]

Zu der Zeit, als die Römer Britanien verließen, der römische Kaiser Honorius musste im Jahre 410 Britannien aufgeben, weil ihm die Truppen und die Mittel fehlten, eroberte der König von Munster, Níall Noigiallach, die Festung Tara und das Reich Mide. Er herrschte 27 Jahre, etwa bis 437 und beanspruchte den Titel ‚Ard Ri' für sich.

Niall war der Stammvater des Königsgeschlechts der ‚Ui Neill' (Söhne des Niall) und begründete den Aufstieg Taras. Der Aufstieg Taras war nur durch den Niedergang des alten Zentrums Emain Magach, der Hauptstadt der Provinz Ulster, möglich, denn die Ui Niall eroberten die Provinz Ulster, die letzte Bastion der Ureinwohner in Irland. Mit der Eroberung des Subkönigreichs Ailech im Westen war die Eroberung von Ulster gegen 425 n. Chr. durch die ‚Uí Neill' abgeschlossen. Dadurch war Ulster fast zur Bedeutungslosigkeit verdammt. [38]

Nach dem Tod des Niall übernahm sein Sohn Lóegaire mac Néill die Herrschaft über den größeren Teil Irlands mit der Hauptstadt Tara, als ‚Ard Ri', Großkönig von Irland. Er unterstützte die Ausbreitung des römischen Christentums in Irland. Fridolin könnte ein Sohn des Königs Lóegaire mac Néill gewesen sein.[39]

Politisch blieb alles wie immer. Die Iren lebten weiter in ihren Stämmen. Erst später, im 8. Jahrhundert, setzten sich Herrscherdynastien durch.

Einiges über die gesellschaftlichen Verhältnisse bei den keltischen Iren

Der römische Feldherr und Politiker Caesar schrieb viel über die Kelten. Er leitete die Eroberung Galliens, des heutigen Frankreichs, durch die Römer, beschrieb seine Feldzüge und dabei auch die Sitten und Eigenheiten der keltischen Gallier. Er war mit einem Druiden befreundet und erhielt dadurch einen guten Einblick in die herrschenden Verhältnisse. Da es sich bei der keltischen Kultur um eine Völker übergreifende Kultur handelte, können die Erkenntnisse in Gallien im Prinzip auch auf Irland übertragen werden.

Ein Zitat Caesars könnte zum Beispiel die Sitte der keltischen Iren erklären, ihre Söhne bei fremden Familien aufwachsen zu lassen, denn wie es die Sagen berichten, steht der

Milchbruder dem Helden der Sagen oft näher, als dessen leibliche Brüder:

„Bei den Galliern herrscht die Sitte, dass kein Sohn vor seiner ersten Reise zu den Kriegsdiensten öffentlich Zutritt zu seinem Vater hat. Es gilt als Schande, wenn man ein Kind im Knabenalter in der Öffentlichkeit an der Seite seines Vaters sieht."[40]

Nach schriftlichen Überlieferungen gab es in Irland neben den Kelten noch Angehörige der vorkeltischen Bevölkerung, die als Nomaden neben der etablierten Gesellschaft lebten. Halbnomadische Handwerker versorgten ganz Irland mit ihren Erzeugnissen, reisende Händler schleppten ihre Ware in jede Ecke des Landes, Narren und fahrende Schauspieler unterhielten die Landbevölkerung.

In Irland gab es keine größeren Städte. Die Oberschicht lebte in befestigten Siedlungen. Mehr als 50.000 Ruinen dieser ehemaligen Fürstensitze sind bekannt, verteilt im ganzen Land. Der große Teil der Bevölkerung lebte dagegen in Haufendörfern, ‚calchans' genannt, in durch Palisaden geschützten Siedlungen.

Daneben war in den Feuchtgebieten Irlands eine andere Siedlungsform seit der Bronzezeit verbreitet. Es handelte sich dabei um künstliche, hölzerne Inseln an See- und Flussufern, irisch ‚crannog'
genannt. Einige dieser ‚crannogs' dienten auch als Königssitze.
[41]

Die Stellung der Frau in der keltischen Gesellschaft
In der patriarchalisch geprägten Gesellschaft der Kelten hatte die Frau eine vergleichsweise starke Stellung. Auf allen sozialen Ebenen hatte sie für die Zeit erstaunliche Rechte und Freiheiten. Der Ehemann war nach außen hin das Familienoberhaupt, seine innereheliche Stellung richtete sich aber nach der Abstammung und dem Vermögen von Mann und Frau.
Es gab drei Möglichkeiten:

1. Bei gleicher sozialer Herkunft und gleichem Vermögen, waren Mann und Frau gleichberechtigt.
2. War die Frau von niedrigerer, sozialer Herkunft oder brachte sie weniger Geld in die Ehe, waren ihre Rechte und Freiheiten deutlich eingeschränkt.
3. Brachte die Frau ein größeres Vermögen in die Ehe als der Mann, so war sie nach dem Gesetz nicht nur das Haupt des Ehepaars sondern auch das Familienoberhaupt. Der Mann hatte in dieser Ehe keine Autorität. Er galt als ‚dienender Mann' (fer fognama) oder ‚Untertan einer Frau' (fer for ban)

Auch bei der Partnerwahl zeigte sich die starke Stellung der Frau. Sie hatte das Recht, ihren Partner frei zu wählen und konnte nicht gegen ihren Willen verheiratet werden. Natürlich war der Einfluss der beteiligten Familien bei einer so wichtigen Entscheidung wie der Eheschließung groß.

Nach dem Tod erbte der überlebende Teil nicht automatisch das Gesamtvermögen sondern nur den Teil, den er/sie bei der Eheschließung eingebracht hatte, zusätzlich des anteiligen Zugewinns. Die Frau brachte auch ihr eigenes Witwengeld (‚tinnscra') mit in die Ehe, bei dem es sich um Geschenke handelte, die sie bei der Eheschließung von den Eltern erhalten hatte. Es blieb auch bei einer Scheidung ihr persönlicher Besitz.[42]

Die Scheidung war bei den Kelten unkompliziert. Die Ehe wurde als Vertrag gesehen, der aufgelöst werden konnte, wenn ein Partner die Vorschriften des Ehevertrags verletzte. Ein Mann konnte sich schon scheiden lassen, wenn ihn die Frau mit den Worten: „Schande über deinen Bart", beleidigte.

Beging der Mann Ehebruch, konnte sich die Frau ebenfalls sofort scheiden lassen. Natürlich konnte die Ehe auch in gegenseitigem Einverständnis gelöst werden.

Nahm der Mann mit dem Einverständnis der Ehefrau eine zweite Frau, fiel der Kaufpreis für die zweite Frau automatisch an die erste Frau.[43]

Wie Caesar berichtet, gab es unter manchen britischen Stämmen, die Sitte der Polyandrie, das heißt die Männer einer Familie (Brüder) teilten sich unter Umständen die Frauen. Die dabei entstandenen Kinder, übernahm derjenige, dem seinerseits die Mutter ursprünglich angetraut worden war.

Caesar bezieht sich dabei auf die Einwohner von Cantium, deren Wohngebiet an der Küste liegt (möglicherweise in Südengland, gegenüber Frankreich), die er für die gebildetsten in Britanien hält.

Caesar berichtet auch: „Alle Britanier färben sich mit Waid (Pflanzen) blau, wodurch sie in den Schlachten desto fürchterlicher aussehen.[44]

In der Gesellschaft standen den Frauen jede Stellung offen, sei es Erzieherin, Kriegerin, Seherin, Magierin oder Königin. So konnten zum Beispiel, wenn ein Vater nur Töchter hatte, diese das Erbe durchaus antreten, mussten dafür aber Kriegsdienste leisten.

In Britanien und in Irland gab es in christlichen Zeiten Klöster mit Nonnen und Mönchen – eine Tatsache, die von den Bischöfen auf dem europäischen Kontinent aufs heftigste kritisiert wurde.[45]

Die Druiden

Eine wichtige Rolle in der keltischen Gesellschaft spielten die Druiden. Ihre Aufgaben waren: Aufsicht über das Religionswesen, Durchführung von Privat- und Staatsopfern, die Ausbildung der Jugend, Wahrsagen und das Richteramt, das heißt sie hatten über Verbrechen und Zwistigkeiten aller Art zu richten. Unterwarf sich jemand nicht ihrem Urteil, wurde er von den Opfern ausgeschlossen und galt als ehrlos. Er wurde von der Gesellschaft geächtet.[46]

Für die Druiden waren Natur und Universum von dem Göttlichen durchdrungen, das sich in den Erscheinungen der Natur manifestierte. Deshalb lebten sie nicht nur an Fürstenhöfen, sondern auch in der Einsamkeit der Wälder.

Daran erinnert der überlieferte Spruch des hl Columban (590-615): „Wer den Schöpfer kennen lernen will, lerne seine Schöpfung kennen."[47]

Sie waren Astronomen/Astrologen und gewandte Mathematiker, und nach ihrer Auffassung ließ sich durch Sprache das gesamte Universum beeinflussen.

In den Sagen und den Heiligenlegenden beherrschten sie das Wetter, ja angeblich konnte ein Druide durch Verwünschungen sogar Mensch oder Tier auf der Stelle tot umfallen lassen.

Auf der anderen Seite setzten sie die Sprache, verbunden mit Kräutern und Wasser, zur Heilung von Kranken ein. Außerdem waren sie die Lehrer des Nachwuchses der Aristokratie.[48]

Auch in der Politik spielten Druiden eine wichtige Rolle. König und Druide gehörten zusammen. Der König richtete sich nach dem Willen der Götter, und den Willen der Götter kannte der Druide.

Angetan von dem Ruf und der wichtigen Stellung der Druiden in der keltischen Gesellschaft berichten die antiken Autoren häufig über die Druiden. Unter anderem schreibt Caesar:

„Ihr (der Druiden) Hauptlehrsatz ist: Die Seele sei unsterblich und wandere nach dem Tode weiter von Körper zu Körper. Das halten sie für den kräftigsten Antrieb zur Tapferkeit, wenn man den Tod nicht scheue. Außerdem lehren sie noch Vieles von den Himmelskörpern, ihrem Lauf, der Größe der Welt und der Länder, dem Wesen der Dinge, der Macht und Gewalt der unsterblichen Götter, und bringen das Alles der Jugend bei."[49]

Im Gegensatz zu den gallischen Kelten, glauben die Kelten Irlands an ein Leben in einer Parallelwelt, in der ‚Anderen Welt', wie ihre Sagen nahe legen.

Statt der Seelenwanderung kennen sie eher an eine Art Metamorphose, wobei der Held in verschiedene Existenzen übergeht.

In der Sage von Tuan Mac Carill, erlebt der Held in verschiedener Gestalt, darunter Hirsch, Stier, Falke, Lachs und zuletzt wieder als Mensch, die Invasionen Irland.[50]

Die Erklärung könnte sein, dass es sich bei den Sagen des Ulster-Zyklus um Sagen der ‚Erain' handelt, einer alten Bevölkerung, die erst zur Zeit des Niall Niagallach unterworfen wurde. Diese Vorstellungen stammen aus älteren Zeiten.

Caesars Satz von Himmelskörpern und ihrem Lauf, könnte

bedeuten, dass die Druiden über ein Heliozentrisches Weltbild verfügten, das im Mittelalter erst wieder Kopernikus und Galileo entdeckt hatten.

Cicero, ein bekannter römische Politiker, hielt die Druiden für die Pythagoräer unter den Barbaren, weil sie die Unsterblichkeit der Seele lehrten. Oft wurden sie auch mit den ‚Freunden der Weisheit' = den Philosophen gleichgesetzt.

Genaueres berichtet Strabo, ein anderer antiker Schriftsteller. Er beschreibt die Druiden als Naturbeobachter und Moralphilosophen und unterscheidet drei Klassen von Druiden.

Die unterste Klasse war die Gruppe der Barden, vermutlich Komponisten und Vortragende von Hymnen und Gebeten.

Die mittlere Klasse wurde ‚vates', die Seher und Weissager, genannt, die wohl eigentlich die Opferrituale durchführten. Um die Wirkung des Opfers sicherzustellen, musste nach keltischer Auffassung aber ein Druide anwesend sein.

Die höchste Klasse stellten die Druiden, die Angehörigen der ranghöchsten, gelehrtesten Klasse. Sie waren die Wissenden, die mehrere Stufen der Einweihung hinter sich hatten. Sie sprachen „die Sprache der Götter", interpretierten also den Willen der Götter. Vermutlich hatten sie auch eine Aufsichts- und Schutzfunktion.

Das Ritual des Opfers musste auf die richtige Art und zum richtigen Zeitpunkt durchgeführt werden, um die Wirkung zu erzielen, weshalb man im Altertum die Druiden auch als Magier oder Zauberer bezeichnete.

So berichtet Plinius d. Ältere von einem Druiden, der weißgewandet, am sechsten Tag im Mondzyklus mit einer goldenen Sichel Mistelzweige von einer Eiche schnitt.[51]

Die Druiden gehörten, wie die ‚baird' und die ‚filid' zu späteren Zeiten in Irland, zur Oberschicht der keltischen Gesellschaft. In ihrer Funktion hatten sie einige Privilegien, mussten keinen Waffendienst leisten und auch keine Steuern und Abgaben entrichten.

Der Gebrauch der Schrift für religiöse Zwecke war ihnen verboten, ihr ganzes Wissen lernten sie auswendig. Laut Caesar beherrschten die gallischen Druiden aber durchaus die griechische Schrift, benutzten sie aber nur für weltliche Zwecke. [52]

‚Drui' bedeutete in Irland ursprünglich ein Druide höheren Ranges, aber im Laufe der Zeit verschwand die Bezeichnung, die „filid" übernahmen die Aufgaben der Druiden und aus den ‚vates' wurden die ‚baird'. Diese Dichterfürsten (‚filid' beziehungsweise ‚baird') genossen das höchste Ansehen.

Ein ‚file' musste mindestens 12 Jahre gelernt haben, musste die druidischen Praktiken (‚imbas forosnai') beherrschen und ‚alle Gedichte' kennen. Das heißt er musste sich jederzeit aus dem Stegreif in komplizierter, dichterischer Art und Weise ausdrücken können, denn das Gedicht aus dem Stegreif galt als die höchste Stufe der Dichtkunst.

Die Schüler lernten alles auswendig und mussten sich nach der Ausbildung entscheiden, ob sie als ‚baird' oder als ‚file' tätig werden wollten.

Der ‚baird' war für die Unterhaltung verantwortlich und bot historische Epen oder die Heldentaten des Königs in Gesangsform dar. In ihren Epen bewahrten die ‚bairds' die Erinnerung an die Geschichte ihres eigenen Volkes und mancher Poet gewann mit seinen Fähigkeiten ein Vermögen.

Der ‚file' auf der anderen Seite war oft der Berater und der Sachverständige des Königs, wie er auch als Seher die Verbindung zur Sagen- und Geisterwelt aufrechterhalten musste.

Unter den ‚filid' gab es zahlreiche Ränge. An der Spitze stand ein ‚ollamh', dessen Stand dem König gleichkam. ‚Ollamh' bedeutete Meister und war der höchste Titel, den ein ‚file' erreichen konnte. Ein ‚ollamh' hatte die höchste Lehrerlaubnis, vergleichbar mit einer Professorentätigkeit und lehrte gewöhnlich an einem Fürstenhof. Er war auch verantwortlich für die Erstellung und Weiterführung von Genealogien (Ahnenreihen). Bei festlichen Anlässen, den Jahreszeitenfesten und Ähnlichem rezitierte der ‚ollamh' die alten Erzählungen, die wortgetreu vorgetragen werden mussten. Jeder ‚ollamh' musste ein Siebtel der mythologischen und historischen Erzählungen beherrschen, entwickelte aber zusätzlich ein Spezialgebiet, wofür er unter den verschiedenen Fürsten ausgetauscht wurde.[53]

Außerdem gab es noch folgende Abstufungen, die alle unter dem Oberbegriff ‚file' liefen.

1. Der Geschichtsschreiber (‚sencha'), zuständig für die Bewahrung der Traditionen und die Heldengesänge.
2. Der Richter, Gesetzgeber und Botschafter (‚brithem')
3. Der Kenner der Epen und Sagen (‚scelaige')
4. Der Meister des magischen Gesangs (‚gutuater')
5. Der Arzt, der Heilpflanzen und magische Rituale kannte und das Amt des Chirurgen ausübte. (‚liaig')
6. Der Harfenspieler, dessen Musik einen Menschen zum Lachen, Weinen, Schlafen oder Sterben bringen konnte. (‚cruitire')
7. Der Mundschenk, ein Kenner der berauschenden Getränke und Drogen (‚deogbaire')
8. Der Wahrsager (‚faith')

Eine weitere, hoch angesehene Gruppe waren die Gelehrten. Sie gehörten zur ‚oes dána' – Stand der Gelehrten. Dazu zählten die Dichter, Rechts- und Heilkundige und besonders ausgebildete Künstler.[54]

Zur keltischen Religion

Die keltische Religion besaß eine unüberschaubare Anzahl von Gottheiten, die sich um einige wenige Hauptgötter gruppierten. Sie bestand aus verschiedenen Glaubensrichtungen, die sich regional und zu verschiedenen Zeiten ausbreiteten. Die wenigen keltischen Hauptgötter lassen auf eine gemeinsame Herkunft in weit zurückliegender Vergangenheit schließen. Möglicherweise wurden auch die Gottheiten unterworfener Völker in den eigenen Pantheon aufgenommen.[55]

Zu diesem Thema berichtet Caesar:

„Die Gallier geben den Dis (entspricht dem römischen Gott der Unterwelt und der Finsternis) für ihren allgemeinen Stammvater aus; so lehren, nach ihren Aussagen die Druiden.

Deshalb berechnen sie die Zeit auch nach Nächten und nicht nach Tagen. Der Tag folgt der Nacht."[56]

Auch über einen zentralen Punkt der keltischen Religion schreibt Caesar: „Ihr Hauptlehrsatz ist, die Seele sei unsterblich und wandere nach dem Tode des Leibes weiter von Körper zu Körper. Das halten sie für den heftigsten Antrieb zur Tapferkeit, wenn man den Tod nicht scheue."[57]

Die keltische Seelenwanderung unterscheidet sich allerdings von der gängigen Vorstellung von Seelenwanderung, wie sie aus den asiatischen Religionen bekannt ist. Für die Kelten ist der Vorgang nicht zwingend. So kehren in den Sagen Verstorbene eher selten als Menschen zurück, im Gegenteil trifft sich ein großer Teil der Verstorbenen beim Festmahl der Unsterblichen. Häufig ist dagegen die Metamorphose, der Übergang in eine andere Existenz ohne vorhergehendes Sterben.

In der keltischen Welt war das Leben unendlich, es wechselte nur zwischen dem Diesseits und dem Jenseits. Die Anderswelt war Bestandteil der tatsächlichen Welt, nach keltischer Vorstellung sogar der eigentliche Teil der Welt und ein Übergang zwischen hüben und drüben war jederzeit möglich.[58]

Ständig der ‚anderen Welt' bewusst, waren die Kelten sehr fromm und opferten viel für ihre Götter, zum Beispiel die ganze, oder zumindest einen großen Teil der Kriegsbeute. Trotz ihrer hoch entwickelten Kultur opferten sie auch Menschen.

Dazu führt Caesar aus:

„Alle Gallier (Kelten im Gebiet des heutigen Frankreichs) sind dem Aberglauben sehr ergeben, und daher opfert man in schweren Krankheiten, in Schlachten und Lebensgefahr Menschen oder gelobt solche Opfer, die man durch die Druiden durchführen lässt, in dem Aberglauben, dass nur durch den Tod eines anderen Menschen sich ein Leben von den unsterblichen Göttern erflehen ließe. Solche Opfer sind sogar durch Staatsverordnung eingeführt. Manche haben ungeheure Götzen von geflochtenen Reisig, die man mit lebendigen Menschen anfüllt, in Brand setzt und samt den Menschen verbrennt. Hinrichtungen von Dieben, Straßenräubern und anderen Missetätern hält man freilich den Göttern für angenehmer, fehlt es jedoch daran, so nimmt man wohl auch Unschuldige."[59]

Ihre Elite bestatteten die Kelten sehr aufwendig, mit allem

was zum Weiterleben in der ‚anderen Welt' nützlich sein könnte, in Grabhügeln. Oder sie verbrannten die Verstorbenen mit allen Grabbeigaben und setzten die Reste in einer Urne bei.[60]

Dem dritten Stand, dem ärmeren Teil der Bevölkerung billigte man so etwas nicht zu – von ihnen wurden selten Grabstätten gefunden.

Für diese Tatsache sind zwei verschiedene Erklärungen denkbar. Entweder man glaubte, mit der bevorzugten Behandlung der verstorbenen Eliten erreiche man für das ganze Volk ein Weiterleben in der anderen Welt, ähnlich wie in Ägypten, wo die Pharaonen stellvertretend für das ganze Volk aufwendig bestattet und für das Jenseits ausgerüstet wurden und damit das Weiterleben und Wohlergehen des ganzen Volkes sicherten oder wahrscheinlicher, die Kelten waren bezogen auf die Gesamtbevölkerung Irlands nur eine kleine Schicht und sprachen der übrigen Bevölkerung das ‚Menschsein' ab, wie es in den Sagen überliefert wird, als die Einwanderer die Ureinwohner, die ‚Fomorier' nicht als Menschen anerkannten.

Dafür spricht auch die Bemerkung Caesars, dass in Gallien der größte Teil der Bevölkerung unter extremer Armut zu leiden hatte. „In ganz Gallien gibt es nur zwei Klassen von Menschen von einigem Einfluss und Ansehen, denn der gemeine Mann ist fast Sklave, von allen zurückgewiesen und von jeder Staatsverhandlung ausgeschlossen. Der größte Teil begibt sich daher, gedrückt von den Schulden, den vielen Abgaben oder den Misshandlungen der Großen, in den Dienst des Adels, der dadurch über sie alle Rechte erhält, welche sonst Herren über Sklaven haben."[61]

Irland hatte bei den Schriftstellern der Antike einen fürchterlichen Ruf, so zum Beispiel bei Pomponius Mela 43v.Chr. Auch Gildas schildert die greulichen Sitten der Iren recht eindringlich.

Hieronymus beschreibt die Iren an verschiedenen Stellen, als Inbegriff der scheußlichsten Barbarei, indem er sie nicht nur wahlloser Promiskuität, auch der schauderhaften Menschenfresserei in den ekelhaftesten Formen bezichtigt.

Ein anderer Autor des 5. Jahrhunderts, Prosper Tiro, berichtet, dass die vornehmste Tätigkeit verschiedener Heiliger auf dem Festland der Freikauf von Sklaven war, die jenseits des Meeres grausig behandelt, ja wohl sogar aufgefressen worden wären.[62]

Von dem Hl. Patrick wird berichtet, dass er in Irland Sklaverei und die grausamen und blutigen Rituale unterbunden hat. Nun war Patrick wahrscheinlich im Norden der Insel tätig, zumindest wird er dort bis heute besonders verehrt.

In Nordirland lebten die ältesten Iren, die Erain, die erst kurz zuvor von den Truppen der Söhne des irischen Großkönigs Niall Noigallach erobert worden waren. Vielleicht liegt hier die Erklärung für die beschriebenen Verhältnisse.

Für den verbreiteten Kanibalismus unter den Kelten, für den es auch einzelne archäologische Hinweise gibt, könnte die Ursache in religiösen, magischen Vorstellungen zu finden sein.

Auch in der keltischen Stadt bei Manching hat man verdächtige Spuren gefunden. Bei den Ausgrabungen wurden die Reste von etwa 400 Menschen gefunden, die offensichtlich nicht bestattet wurden. Die Röhrenknochen sind an den Enden abgeschlagen und in bodennahen Schichten auf der ganzen Fläche verstreut. Die übrigen Knochen fanden sich in den Abfallgruben. Man nimmt an, dass die Röhrenknochen aus magischen Gründen gesammelt und aufbewahrt wurden.[63]

Die abgeschlagenen Enden der Röhrenknochen sind ein Hinweis auf kanibalische Sitten. Man schlug sie ab um an das Mark heranzukommen. Ebenso die menschlichen Knochen in den Abfallgruben – achtlos nach der Mahlzeit weggeworfen.

Der römische Schriftsteller Lukian schreibt über die Bestattungssitten der verschiedenen Völker:

„Der Grieche verbrennt seine Toten, der Perser begräbt sie, der Inder macht eine Glasur über sie, der Skyte ißt sie, der Ägypter pökelt sie ein."[64]

Skytischer Einfluss findet sich der keltischen Kultur bei Begräbnissitten, Schmuck und Waffen. Er erstreckte sich wohl auch auf Religion und Magie. So ist es durchaus denkbar, dass sich so magisch begründete Sitten, wie die Verspeisung von

Verstorbenen sich bei manchen keltischen Stämmen bis in die Zeit Caesars, oder im Fall von Irland in abgelegenen, von den ältesten Bevölkerungen bewohnten Gebieten, bis in das 5. Jahrhundert, der Zeit des heiligen Patrick/Fridolin, gehalten haben. Steckt in dem uns heute noch vertrauten Begriff „Leichenschmaus", vielleicht eine Erinnerung an längst vergangene Zeiten?

Wie Caesar berichtet, wurden in Gallien bei den Menschenopfern eigentlich nur verurteilte Verbrecher geopfert. Dies war nach ihrem Glauben den Göttern besonders willkommen. Fehlte bei diesem Opfer es an geeigneten Kandidaten nahm man auch andere. Das könnte in Nordirland dazu geführt haben, dass man auf Sklaven zurückgriff, diese den Göttern opferte und im Rahmen der magischen, heiligen Handlung auch verspeiste.

Für den skytischen Einfluss spricht auch die Tatsache, dass die keltischen Krieger Hosen trugen. Die Skyten trugen Hosen, im Gegensatz zu den Römern und Griechen, die dieses Kleidungsstück ablehnten.[65] Auch wurden im Siedlungsgebiet der Kelten einige dreilappige Pfeilspitzen gefunden, die an eine von Skyten verwendete Art erinnern.[66]

Ein Beispiel für die Glaubwürdigkeit der Überlieferung: In den irischen Sagen wird von der Opferung des Häuptlings berichtet. Nun hat man in Irland in einem Moor drei geopferte Könige gefunden. 365-175 v.Chr. [67]

Heiligtümer in Irland
Es gab in Irland zwei alte Heiligtümer, Tara und Uisnech, wobei Uisnech das ältere Heiligtum war. Tara in Mide war der mystische Ort, an dem regelmäßig große Kultveranstaltungen und politische Versammlungen stattfanden. Es war auch der Sitz des fünften, symbolischen Königreichs, über das der Großkönig von Irland herrschte. Insofern profitierte der herrschende König von Tara von dem legendären Mythos der Priesterkönige von Tara, denn vor der Ankunft der indoeuropäischen Kelten füllte der König von Tara beide Funktionen aus.

Er herrschte als König über die Angelegenheiten der diesseitigen Welt und hielt gleichzeitig als oberster Priester die Verbindung zur jenseitigen Welt aufrecht.

Obwohl bei den Kelten der Druide für die Verbindung zu der anderen Welt zuständig war, wurde auch noch zu ihrer Zeit in unregelmäßigen Abständen in einer festgelegten Zeremonie (féis), dem mächtigsten Herrscher, dem Großkönig, als oberstem König und Priester, als Gatte der höchsten Göttin und als Beschützer des Volkes vor den Geistern der ‚anderen Welt' gehuldigt. [68]

2. Kapitel

Fridolin in Frankreich und seine Suche nach der Rheininsel

In England angekommen, wanderte Fridolin vermutlich an der britischen Westküste nach Süden durch Wales bis nach Cornwall. Vermutlich hat er auf seiner Wanderung auch in Wales und in der Bretagne Klöster gegründet, wie es in der St.Brendan-Sage anklingt.

Damals war England noch überwiegend von keltischen Stämmen besiedelt. Allerdings drangen seit 449 die heidnischen Angeln, Sachsen und Jüten von der Ostküste her in das weitgehend christianisierte England ein. Der britonische Herrscher Ambrosius Aurelianus konnte sie im darauf folgenden Jahr noch etwas zurückdrängen, aber der Druck wurde immer stärker. Die keltischen Briten wichen nach Cornwall, Wales und in die gallische Provinz Armorica, der heutigen Bretagne, aus.

Das Gebiet der christlichen Briten in Gallien grenzte an den „Neustrien" genannten Teil des heidnischen Frankenreiches, der sich im Westen bis zur Bretagne und im Süden bis an die Loire erstreckte. Südlich der Loire lag die Provinz Aquitanien, die zum Reich der arianischen Westgoten gehörte. Das Reich der Westgoten umfasste außerdem nach dem Fall Saragossas und Pamplonas den größten Teil der iberischen Halbinsel, während Teile Portugals und Nordwestspaniens zu dem Reich der ebenfalls arianischen Sueben gehörten.[69]

An der Kanalküste in Cornwall angekommen, setzte Fridolin über den englischen Kanal in die heutige Bretagne in Frankreich über. Es wird überliefert, dass er mit seinen Begleitern im englischen Kanal von einem furchtbaren Sturm überrascht wurde.

Wie der Mönch Balther berichtete, fand Fridolin bei einem Christen in der Armorica (Bretagne) Unterkunft. Als er von seinem Gastgeber erfuhr, dass in der Gegend Christen und

Heiden lebten, begann er sofort, Christen und Heiden zu predigen. Dabei legte immer Wert auf die Heilige Dreifaltigkeit, sicher um sich von den Arianern abzugrenzen, welche die ‚Gottessohnschaft' Christi nicht anerkannten. Fridolin kam vor 495 in Gallien an.[70]

Chlodwig I., genannt der Große, der König der Franken, hatte für Fridolin eine große Bedeutung, deshalb soll an dieser Stelle etwas genauer auf ihn eingegangen werden. Chlodwig I., geb. im Jahr 466, übernahm sein Amt mit 15 Jahren anno 481 und schlug fünf Jahre später den Römer Syagrius, den Herrscher des letzten Restes der römischen Reiches in Gallien (Frankreich) bei Soissons. In der Schlacht bei Zülpich schlug Clodwig mit seinen Franken die Alemannen (496).

Wie der fränkische Geschichtsschreiber und Bischof Gregor von Tours berichtet, war Chlodwig mit der burgundischen Königstochter Chrotechildis (Klotilde) verheiratet, die hartnäckig versucht ihn zum christlichen Glauben zu bekehren. Klotilde war katholischen Glaubens, oder wie man damals sagte „athanasianisch".[71]

Über die Schlacht bei Zülpich schreibt Gregor von Tours:

„... Da geriet König Chlodwig in einen Krieg mit den Alemannen ... Als die beiden Heere zusammenstießen, kam es zu einem gewaltigen Blutbad, und Chlodwigs Heer war nahe daran, vernichtet zu werden."

In dieser bedrängten Lage gelobte Chlodwig, im Falle eines Sieges den christlichen Glauben anzunehmen. Da wandten sich die alemannischen Truppen überraschend zur Flucht und als ihr König fiel, unterwarfen sie sich dem fränkischen König. Chlodwig ließ die Kampfhandlungen einstellen, unterwarf die Alemannen und kehrte im Frieden heim.

Mit dem Sieg über die Alemannen hatte Chlodwig auch die Herrschaft über das Gebiet des heutigen Säckingen erlangt.

Als Chlodwig seiner Frau Klotilde von der Anrufung Jesu Christi berichtete, informierte diese den Bischof Remigius. Der Bischof beschied Chlodwig im Geheimen zu sich und versuchte, ihn zum christlichen Glauben zu bekehren. Obwohl der

König fürchtete, dass sein Volk ihm die Gefolgschaft aufkündigen würde, wenn er die alten fränkischen Götter im Stich ließe, berief er seine Gefolgsleute ein, und diese stimmten geschlossen für den neuen Glauben.

Zitat nach Gregor von Tours: Die Gefolgsleute riefen: „Wir verlassen die sterblichen Götter, gnädiger König, und sind bereit zu folgen dem unsterblichen Gott, den Remigius predigt."

Bischof Remigius erfuhr davon und befahl hocherfreut, das Taufbad zu bereiten.[72]

Von Chlodwigs Taufe berichtet Gregor von Tours:

„In der festlich mit Teppichen geschmückten Mutterkirche in Reims dufteten Wohlgerüche, heilige Gesänge der Priester erklangen, als der Häuptling (König Chlodwig) weiß gewandet mit zahlreichem Gefolge erschien.

Auf den Bericht des Bischofs Remigius von den Leiden Christi, rief Chlodwig spontan: „Wäre ich nur zugegen gewesen mit meinen Franken, die Juden hätten Christi Schmach gebüßt."

Da ermahnte ihn Remigius: „Jetzt stolzer Sigamber, beuge demütig den Nacken und bete an, was du vorher angezündet hast."

Darauf legte Chlodwig den fürstlichen Schmuck ab und ließ sich zusammen mit seiner Schwester Albofelda im Namen Gottes des Vaters, des Sohnes und des Hl. Geistes zum Christen annehmen (taufen)."

3000 Vornehme seines Reiches folgten Chlodwigs Vorbild und ließen sich ebenfalls taufen.[73]

Auch erreichte Klotilde bei König Chlodwig I., dass er das von den Hunnen unter Attila zerstörte Waiblingen wieder aufbauen ließ. Waiblingen soll vor der Zerstörung der, "Hoch-Teutschen Könige" Hauptstadt gewesen sein.[74]

Wie es scheint, verlief die Auseinandersetzung zwischen Chlodwig d. Gr. und den Alemannen im südlichen Alemannien nicht überall friedlich. Zumindest Ulm, das in den Jahren zwischen 345 und 352 zur Stadt erhoben worden war, wurde in diesem Zusammenhang zerstört.

Für die Zerstörung durch die Truppen Chlodwigs d. Gr. spricht die Tatsache, dass Ulm noch im Jahr 813 wie auch 1077 den Status eines königlichen Fleckens oder Reichsflecken hatte. Das bedeutete, Ulm war ein Dorf, das nur dem Kaiser unterstand und nicht irgendwelchen Grafen und Fürsten.[75]

Ein Zitat aus der Zeit:

„Viele behaupten und nicht ohne Gründe, dass das südliche Alemannien an dem Krieg gegen Chlodwig I. gar keinen Teil genommen und bis auf das Austrasien in Theoberts (Chlodwigs Enkel) Zeit seine Selbständigkeit behalten hatte."

Vermutlich gibt es zwischen dem Zitat, dass die südlichen Alemannen sich nicht an dem Krieg der Alemannen gegen Clodwig beteiligt hatten und seiner Bereitschaft auf Klotildes Bitten Waiblingen wieder aufzubauen, einen Zusammenhang. Vielleicht ist die Erklärung in der Person Klothildes zu suchen. Sie war eine burgundische Prinzessin und es sind verwandtschaftliche Beziehungen nach Waiblingen denkbar. Waiblingen war ursprünglich der Sitz des Fürstengeschlechtes der Guelfen.

Nachdem sich die Provinz Armorika (Bretagne) Chlodwig freiwillig unterworfen hatte, rüstete er, nach einem erfolglosen Zug gegen Burgund, zu einem Feldzug gegen die Westgoten, deren Reich das Gebiet des heutigen Frankreich von der Loire bis ans Mittelmeer, von der Rhone bis zu den Pyrenäen umfasste. Auch ein großer Teil der iberischen Halbinsel gehörte zu dem Reich der Westgoten.

In Paris versammelte Chlodwig seine Fürsten und wandte sich an seine Gefolgschaft: „Ketzer (Arianer) besitzen den schönsten Teil Galliens. Wohlan! Lasset uns ziehen mit Gottes Hilfe und das Land in unsere Gewalt bringen!"

Natürlich erntete er freudige Zustimmung unter seinen Gefolgsleuten.[76]

Alarich lagerte mit seinem ungeübten Heerbann in der Ebene von Vouglé, zehn Meilen südlich von Poitiers an den Ufern des Clain. Hier fand die Entscheidungsschlacht statt (507). Das fränkische Heer war über Orleans, Tours, Vienne und Poitiers herangezogen.

Nach tapferer Gegenwehr flohen die von den Eingeborenen,

außer von den Auvergnern, verlassenen West-Goten. König Alarich und seine Vornehmen fielen im Kampf.

Später ließ sich Chlodwig aus politischen Gründen von dem oströmischen Kaiser Anastasius zum römischen Konsul und Stellvertreter (,Patricius') ernennen. Die Zeremonie fand in der Kirche des St. Martin in Tours statt. Die Kirche erhielt zahlreiche Geschenke, darunter das Lieblingspferd von König Chlodwig. Nach einem Brauch der Zeit bot der König 100 Goldgulden für den Rückkauf, aber das Pferd rührte sich nicht. Erst bei einem Gebot von 200 Goldgulden bewegte sich das Pferd. Clodwig soll daraufhin gespottet haben: „Martin ist gut in der Not, aber teuer im Geschäft."[77]

Um seine Alleinherrschaft im Reich der Franken nicht zu gefährden, räumte Chlodwig mit List und Tücke Konkurrenten innerhalb seiner eigenen Sippe aus dem Weg. Zwei nähere Verwandte erschlug er eigenhändig mit seiner Streitaxt – ,Franziska' genannt. Nach seinem Tod anno 511 wurde sein Reich nach fränkischem Brauch unter seinen vier Söhnen aufgeteilt.[78]

Zum Zeitpunkt der Schlacht zwischen Franken und Westgoten war Fridolin längst nicht mehr in Poitiers. Etwa sieben Jahre vorher hatte er sich auf den Weg nach Säckingen gemacht.

Der Arianismus

Doch zuerst einmal etwas über den Arianismus, gegen den sich Fridolin besonders wandte. Der Arianismus geht auf den Presbyter (Gemeindeältester) Arius aus Alexandria in Ägypten zurück. Arius verneinte die Gotteseigenschaft Jesu Christi. Außerdem lehnten die arianischen Bischöfe die Oberhoheit des Papstes in Rom ab. Das 1. allgemeine Konzil von Nicäa verurteilte diese Lehre 325 als Irrlehre.

Viele Herrscher und Bischöfe hingen der Irrlehre an und versuchten ihre Ansicht mit Gewalt durchzusetzen. Katholische Bischöfe wurden abgesetzt und durch Arianer ersetzt, Kirchen wurden den Katholiken abgenommen und an arianische Anhänger übergeben. Zahlreiche Synoden wurden abgehalten, bei denen auf staatlichen Druck hin, katholische Bischöfe abgesetzt und durch den Kaiser verbannt wurden.

In Antiochien und Ägypten kam es zu Übergriffen gegenüber den standhaften Katholiken. Besonders Kaiser Valens ging mit aller Härte gegen die sich Widersetzenden vor. So ließ er 367 mehrere Katholiken im Fluss Orontes ertränken. Um 370 wurden 80 katholische Geistliche auf sein Geheiß hin in Nikomedien auf ein altes Schiff gebracht und das Schiff angezündet, so dass die Menschen darauf verbrannten.

Der Arianismus verbreitete sich überwiegend unter den Honoratioren, während die Masse des Volkes katholisch blieb. So konnte der hl. Hironymus schreiben: „Der Erdkreis wunderte sich, dass er arianisch war."

Den Höhepunkt erreichte die Bewegung des Arianismus, als der römische Kaiser Constantinus den rechtmäßigen Papst Liberius in die Verbannung schickte und die arianische Partei den Diakon Felix zum Bischof von Rom und damit zum Papst ausrief. Darüber waren die Römer derart aufgebracht, dass Kaiser Constantinus einen Aufstand befürchtete. Er ließ daher den verbannten Papst Liberius zurückkehren und schickte Felix in die Verbannung.

Im 6. Jahrhundert verschwand diese Irrlehre.[79]

Fridolin erreicht Poitiers

Auf seinen apostolischen Wanderungen durch Frankreich kam Fridolin nach Poitiers von den Römern ‚Pictavia' genannt. Hier hatte bis 368 der hl. Hilarius als Bischof gewirkt, den Fridolin besonders verehrte.[80]

Alanen und Vandalen hatten 406 das Heiligtum des hl. Hilarius zerstört. Danach kamen die Hunnen, die auch übel in der Gegend hausten und während deren Herrschaft war an einen Wiederaufbau der Kirche weiterhin nicht zu denken. Nach der Niederlage der Hunnen unter Attila auf den Katalaunischen Feldern (451) gegen eine römisch/westgotische Allianz unter dem Römer Aetius kam Poitiers mit Aquitanien unter westgotische Herrschaft. Die Westgoten waren Arianer, die ebenfalls nicht viel für die Katholiken und ihren Heiligen übrig hatten.

Bei der Ankunft Fridolins in Poitiers lag die Kirche des hl. Hilarius in Trümmern, sein Grabmahl unter der Ruine begraben.[81]

Der heilige Hilarius

Hilarius wurde 310/320 in Poitiers (Pictavium) geboren. Pictavium war an Stelle der im dritten Jahrhundert zerstörten Stadt Limonum erbaut worden. Pictavium lag in der römischen Provinz Aquitania II. Deren Hauptstadt war das heutige Bordeaux.

Er stammte aus einer vornehmen Familie, war verheiratet, eine Tochter ‚Abra'. Als Erwachsener ließ er sich 345 zusammen mit seiner Familie taufen und schloss sich der Christengemeinde in Poitiers an. Wie er selbst schreibt, suchte er einen Sinn im Leben, da ihm das zeitgenössische Ideal eines erfüllten Lebens – „otium et opulentia" (Müßiggang und Reichtum) – „tierisch und unmenschlich" erschien. Er entdeckte in dem Menschen das Streben nach der bedeutenden Tat, nach einem ordentlichen Beruf und ein Ahnen der Ewigkeit.[82]

Hilarius wurde 350 zum Bischof in Poitiers gewählt. Die Gemeinde vertraute dem vornehmen, gebildeten Mann, der sich so angenehm von Seinesgleichen unterschied, in den unruhigen Zeiten mit großer Begeisterung das Hirtenamt an.

Auf einer Synode in Beziers unter dem Vorsitz des Bischofs Saturninus von Arles wurde Hilarius 356 als Bischof von Poitiers abgesetzt und vom Vertreter des Kaisers Konstantin, Caesar Julian, nach Phrygien in Kleinasien verbannt. Nach dem Bericht des Hilarius waren es die Bischöfe Saturninus von Arles und die beiden Hofbischöfe Ursacius und Valens, die dafür sorgten, dass er, der klare Anhänger des Beschlusses von Nicäa, abgesetzt wurde.

Das Schicksal des Hilarius teilten die Bischöfe Paulinus von Trier, Eusebius von Vercelli, Lucifer von Cagliari und Dionysius von Mailand.

Nach seinem eigenen Zeugnis hielt sich Hilarius in allen Provinzen Kleinasiens auf. Überall vertrat er seine Auffassung der heiligen Dreifaltigkeit und befand sich damit im Gegensatz zu dem Kaiser und vielen Bischöfen, die alle Anhänger des

Arius waren.

360 wurde Hilarius vom römischen Kaiser aus der Verbannung entlassen, weil „dieser Urheber von Zwietracht und Unruhestifter des Ostens" in Gallien vermutlich weniger Unheil anrichten würde, als im Osten.[83]

In Italien ging er zusammen mit Bischof Eusebius von Vercelli gegen den arianischen Mailänder Bischof, den Metropoliten Auxentius vor.

Hilarius, der bedeutendste lateinische Dogmatiker neben Augustinus, starb entweder am 01. November 367 oder am 13. Januar 368. Papst Pius IX. ernannte ihn am 10. Januar 1856 zum Kirchenlehrer.[84]

Er war auch ein mutiger, ja brutal anmutender Polemiker, der kein Blatt vor den Mund nahm, wenn er sich im Recht fühlte. Dem Kaiser Konstantin (dem „Wolf im Schafspelz") schreibt er unter anderem:

„... Laut rufe ich es Dir ins Ohr, Konstantinus, was ich dem Nero zugerufen hätte. Was Decius und Maximinian von mir hätten zu hören bekommen: Du kämpfst gegen Gott, Du wütest gegen die Kirche, Du hassest die Verkünder Christi. Du vernichtest die Religion. Du bist ein Tyrann, nicht nur im menschlichen, sondern in göttlichen Dingen ..."

Er kämpfte für die Kirchen- und Glaubensfreiheit.[85]

Sulpicius Severus berichtet (396): Hilarius sei damals (356) durch seine Theologie und seinen Glauben berühmt und mit dem hl. Martin persönlich gut bekannt gewesen. Er soll ihn getauft haben und Martin überredet haben, um ihn bei der Kirche zu halten, mindestens den, im Klerus am wenigsten angesehenen Posten, des Exorzisten anzunehmen. Später blieben sie immer in Verbindung, Hilarius war lebenslang das Vorbild des hl. Martin.[86]

Fridolin wurde schnell als ein großer Prediger bekannt und die Bewohner von Poitiers, darunter auch Bischof Adelsius, kamen in großer Zahl, ihn predigen zu hören. Er lebte in Askese, fastete und betete Tag und Nacht, so sehr, dass sogar seine Mitbrüder um seine Gesundheit besorgt waren. In einer Vision überbrachte ihm der hl. Hilarius den Auftrag Gottes, die Gebeine des hl. Hilarius zu suchen und seine Kirche wieder aufzubauen. Sofort berichtete Fridolin seinen Mitbrüdern von seiner Vision und diese versprachen ihm, ihn mit allen Kräften zu unterstützen. Demütig und ganz von der Rechtmäßigkeit der kirchlichen Ordnung durchdrungen, wollte er aber sein Unternehmen nicht ohne die Erlaubnis des Bischofs und des Königs starten.

Fridolin wurde also, zusammen mit seinen Anhängern bei Bischof Adelsius vorstellig und unterrichtete ihn von seiner Vision. Darauf versammelte der Bischof die Ältesten des Klerus und die wichtigsten Bürger von Poitiers. Gemeinsam begab man sich in das Kloster des hl. Hilarius und überredete den sich sträubenden Fridolin, das Amt des Abts des Klosters des hl. Hilarius in Poitiers zu übernehmen und die Kirche des hl. Hilarius wieder aufzubauen. Widerstrebend legte der den Wanderstab nieder und ergriff die Rute der Züchtigung.

Dafür stellte ihm Bischof Adelsius sein Vermögen und seinen Einfluss zur Verfügung. [87]

„Fridolin vertauschte den Wanderstab mit der Rute der Züchtigung." Dieses Zitat ist ein weiterer Hinweis auf die irisch/keltische Herkunft des hl. Fridolin. Es war zu Fridolins Zeiten, wie auch noch zu Zeiten Columbans etwa 100 Jahre später, in den irischen Klostergemeinschaften üblich, dass der Abt Fehlverhalten der Mitbrüder mit körperlicher Züchtigung ahndete. (Die Überlieferung berichtet von Columban, er sei ein „strenger, mit Prügeln nie sparsamer Mönchsvater" gewesen.)[88]

Dieser Columban kam auch durch die Gegend von Säckingen. Am Bodensee wurde sein Gefährte Gallus krank, blieb zurück und gründete das Kloster St.Gallen.

Dieses Verhalten war kennzeichnend für Mönchsgemeinschaften der keltischen Kirche und Fridolin, zwar überzeugter Anhänger der römisch-katholischen Kirche, war natürlich als Angehöriger der herrschenden Familie in Irland auch geprägt von seinem keltischen Umfeld.

In einer Vision erhielt Fridolin, von dem verehrten hl. Hilarius, den Auftrag zum König Chlodwig d. Gr. zu reisen und diesen um Hilfe und Unterstützung zu bitten.[89]

Chlodwig selbst war ein geschickter, skrupelloser Machtpolitiker – ein typischer Vertreter seiner Zeit. 486 besiegte er mit seinen Truppen den Römer Syagrius bei Soissons. Damit herrschten die Franken von der Somme bis an die Loire. Sygarius selbst war nach der Niederlage zu dem westgotischen König Alarich II. geflüchtet, der über einen großen Teil des heutigen Frankreichs und Spaniens herrschte. Chlodwig I. erreichte durch Drohungen, dass Sygarius ihm ausgeliefert wurde und ließ ihn in der Stille umbringen.

493 verlegte er seine Residenz nach Orleans. Die Loire bildete für einige Jahre die Grenze zwischen dem arianischen Reich der Westgoten in Aquitanien und dem fränkischen Reich im Norden Frankreichs.[90]

Nach Weihnachten 496 reiste Fridolin zusammen mit dem Bischof Adelsius von Poitiers nach Orleans, wo König Chlodwig I. residierte, der Bischof zu Pferd, Fridolin in apostolischer Gewohnheit zu Fuß.[91]

Die Bevölkerung Aquitaniens war überwiegend katholisch, während die dort herrschenden Westgoten dem Arianismus anhingen. Das hatte zur Folge, dass zahlreiche Einwohner Aquitaniens, die mit den westgotischen Autoritäten und deren arianischer Kirche nicht zurechtkamen, in das Gebiet der Franken auswichen. König Chlodwig I. förderte diese Bewegung nach Kräften. Somit erwies sich sein späteres Verhalten gegenüber Fridolin auch als politisches Kalkül, denn wenn er Fridolin unterstützte, konnte er damit die Katholiken in Aquitanien für sich gewinnen. Frei nach Machiavelli: „Die Gegner meines Feindes sind meine Freunde."

Poitiers lag damals im westgotischen Einflussbereich. Sicher war auch das Risiko von Seiten der arianischen Westgoten bestraft zu werden, gering. Schließlich waren die Franken die dominierende Macht in Frankreich, und die westgotischen Könige konnten sich ihrer Untertanen nicht sicher sein.[92]

König Chlodwig I. zog Fridolin mit vielen Edelleuten und großen Herren entgegen, von dem er schon viel gehört hatte und versprach ihm seine volle Unterstützung, Gold und Silber und alles was zum Bau der Kirche notwendig war.

Dann ließ der König zu Ehren Fridolins ein großes Gastmahl richten. Im Laufe dieser Festlichkeit reichte Chlodwig seinem Gast, um ihn besonders auszuzeichnen, einen mit Wein gefüllten, mit Edelsteinen und Gold verzierten Kristallpokal, obwohl ihm bekannt war, dass Fridolin eigentlich keinen Wein trank.

Dabei passierte dem König ein Missgeschick. Der wertvolle Pokal entglitt seinen Händen, fiel auf den Tisch und von dort auf die Bank. Dabei zerschellte der Pokal in vier Teile. Der Mundschenk beeilte sich, sie wieder aufzuheben und gab sie dem König. Chlodwig war etwas besorgt, weil sein Gefolge Zeuge des Missgeschicks gewesen war, und er forderte Fridolin auf, ein Wunder bei Gott zu erbitten.

Fridolin fügte die vier Bruchstücke des Pokals zusammen und versank ins Gebet. Nach einer Weile übergab er dem König den wiederhergestellten Pokal. Die Gäste waren gebührend beeindruckt und etliche heidnische Franken ließen sich daraufhin spontan taufen.[93]

Mit Unterstützung von Bischof Adelsius und König Chlodwig wurden unter Fridolins Leitung Kirche und Kloster des hl. Hilarius neu aufgebaut. Das alte Kloster, in dem der hl. Hilarius gestorben war, wurde ‚St. Hilarii de Cella' genannt, im Gegensatz zu dem neuen Kloster mit der Kirche, das ‚St. Hilarius Mayor' hieß.

Die Legende berichtet von einem Wunder: Die Nacht vor dem festgesetzten Termin für die feierliche Übertragung der Reliquien verbrachten Fridolin, Bischof Adelsius von Poitiers und viele Mitbrüder in der neu erbauten Kirche im Gebet. Da sahen sie, wie Engel vom Himmel die sterblichen Überreste des Hl. Hilarius aus dem alten Grab in die Grabstätte in der neu erbauten Kirche brachten.

Für seine Verdienste um den Wiederaufbau von Kirche und Kloster erhielt Fridolin zu seiner großen Freude eine kleine Reliquie des Hl. Hilarius. Er packte den Schatz in ein Täschchen und trug es bei seinen Wanderungen immer bei sich. Er brachte diese Reliquie nach Säckingen, wo sie heute noch bei der Fridolinsprozession mitgetragen wird.[94]

Um diese Zeit erhielt Fridolin in Poitiers Besuch von Verwandten. Aus Northumberland/Nordumbria kamen eines Tages zwei Männer zu Bischof Adelsius, und stellten sich als katholische Priester und Verwandte Fridolins vor.

Northumberland liegt in England an der Grenze zu Schottland, nördlich der Stadt Newcastle upon Tyne und dem ‚Hadrianwall' an der Nordseeküste. Das Gebiet südlich des Grenzwalles gehörte zum römischen Reich und war zu diesem Zeitpunkt sicher christianisiert, denn Anfang des 4. Jahrhunderts hatte der römische Kaiser mit dem Toleranzedikt von Mailand alle Religionen im römischen Reich zugelassen und einer seiner Nachfolger, Theodosius hatte Ende des 4. Jahrhunderts (391) alle heidnischen Kulte im römischen Reich verboten und das Christentum zur Staatsreligion erhoben.

Es ist anzunehmen, dass sich das Christentum auch nördlich des Hadrianwalles ausgebreitet hatte und durch die Invasion der heidnischen Pikten aus dem Norden gegen 367 nicht untergegangen war.

Die Bevölkerung gehörte, im Gegensatz zu den Pikten, zum keltischen Kulturkreis, so dass die beiden irischen Priester auf vertrautem Grund arbeiten konnten. Ja, sie hatten in dieser ‚abgelegenen' Gegend sogar von dem Wirken ihres Verwandten Fridolin in Poitiers gehört.

Bischof Adelsius schickte sie mit einem Begleiter zu Fridolin in das Kloster. Der freute sich sehr über den Besuch, denn bei den Verwandten handelte es sich um zwei Söhne seines Bruders. Er nahm die beiden in seine Wohnung auf.[95]

Northumberland könnte zu dieser Zeit bereits unter dem Einfluss der heidnischen Angeln gestanden haben, denn ab 450 begannen die heidnischen Angeln, Sachsen und Jüten in England einzuwandern. Sie landeten an der Ostküste Englands, die Jüten südlich der Themse, die Sachsen nördlich der Themse und die Angeln in Mittelengland.

Etwa 100 Jahre später war die Situation in Northumberland eine ganz andere. Die Angelsachsen hatten das Land besetzt, denn sie besiegten unter Oswald, König von Northumbria in der Schlacht bei Heavenfield 634 die Briten unter ihrem Anführer Cadwallon, König von Gwynedd.

Oswald, getauft auf der Insel Iona, einem bekannten Kloster, führte mit Hilfe von Mönchen unter seinen eigenen Landsleuten, den Angelsachsen, das Christentum ein – vermutlich das Christentum nach dem Ritus der keltischen Kirche. Vielleicht geschah dies vor dem Hintergrund, dass die unterworfene keltische Bevölkerung ebenfalls dem Christentum keltischer Prägung anhing.

Fridolin erhält seine Sendung nach Säckingen.
Fridolin hatte eine Vision in der ihn der hl. Hilarius an sein Versprechen ihm und Gott gegenüber erinnerte, in der Fremde den Menschen Glauben und Segen zu bringen. Auf seine Frage wohin er denn reisen sollte, erhielt er zur Antwort, er solle unverzüglich zu dieser Insel in Alemannien reisen, die ringsum von den Wassern des Rheins umflossen sei. Seine Aufgaben in Poitiers sollten nach Gottes Willen seine beiden Verwandten aus Northumberland übernehmen.

Kurz nach der Vision des hl. Hilarius eilte ein Bote zu Fridolin mit der Meldung, der Bischof sei vom Schlag getroffen worden, gelähmt an allen Gliedern, dem Tode nahe. Er eilte mit seinen beiden Verwandten zur Wohnung des Bischofs. Fridolin fand ihn reglos, flach atmend. Er warf sich nieder und betete mit Inbrunst. Bedeckt mit Angstschweiß und reichlich vergossenen Tränen erhob er sich nach einer Weile. Gleichzeitig mit Fridolin erhob sich auch der Bischof, vollkommen gesund.

Am folgenden Morgen konfrontierte Fridolin den Bischof mit seiner Vision und dem darin enthaltenen Auftrag. Der Bischof war über die Abreise Fridolins derart erschrocken, dass er glaubte nicht weiterleben zu können, und nicht nur er, sondern alle wichtigen Herren in Poitiers, Klerus und Laien waren über seinen Entschluss entsetzt.

Fridolin empfahl ihnen einen seiner Verwandten als seinen Nachfolger, der seine Arbeit weiterführen sollte, stärkte sich mit einem Gebet, verabschiedete sich mit dem heiligen Friedenskuss vom Bischof und brach auf.

Die gesamte Einwohnerschaft begleitete ihn ein Stück des Weges, noch immer in der Hoffnung ihn zum Aufgeben des Plans bewegen zu können.[96]

Fridolin, seine Suche nach der Rheininsel
Fridolin war nur kurz Abt in dem erneuerten Kloster gewesen. Etwa um das Jahr 500 wanderte er zur Residenz des Königs Chlodwig und bat um die Erlaubnis unter den Alemannen zu missionieren und um eine königliche Vollmacht, alles für die Erreichung dieses Zieles zu unternehmen. König Chlodwig d. Gr. erteilte ihm natürlich die Erlaubnis und sicherte Fridolin seine volle Unterstützung zu.[97]

Als Zentrum seiner Mission schwebte Fridolin eine Insel im Rhein vor. Auf dem Weg dorthin zog er durch Burgund und Rhaetien und gründete an der Mosel, in den Vogesen, zu Straßburg und zu Chur Klöster und Kirchen zu Ehren des hl. Hilarius. Er war sechs Jahre lang unterwegs.

Fridolins Wanderungen hinterließen zahlreiche Spuren. Es kann davon ausgegangen werden, dass die vielen ihm geweihten Kirchen und Kapellen auf sein Misssionswerk zurückzuführen sind. Die dem hl. Hilarius geweihten Kirchen und die Plätze mit dem Namen ‚Helara' zeugen vermutlich von seinem persönlichen Wirken.

Auf der linksrheinischen, französischen Seite gründete Fridolin ein Kloster und eine Kirche am oberen Lauf der Mosel in der Nähe von Toul, nahe am Ufer, genannt ‚Helera' zu Ehren des hl. Hilarius. In diesem Kloster fand später der Mönch Balther die Lebensbeschreibung des hl. Fridolin.

Nach der Fertigstellung des Klosters wanderte Fridolin auf der Straße, die über Saarburg nach Brumath und Straßburg führte. In der Nähe der Dagsburg liegt auf Lothringer Boden ein Grundstück, genannt der Hellert nach dem hl. Hilarius. Es könnte sich dabei um einen den alten Göttern geweihten Hain gehandelt haben, den Fridolin einfach umwidmete und seinem Heiligen, dem hl. Hilarius weihte.

Nördlich des Hellert liegt der Schachenecker Hof. Dicht bei diesem Hof, am Weg durch das Schachenecker Tal, befindet sich die Ruine einer sehr alten dem hl. Fridolin geweihten Kapelle mit einem großen Taufstein. Noch im 19. Jahrhundert zogen Wallfahrer zur nahe gelegenen Quelle. Sie sollte gegen Krätze und Augenleiden helfen.

Auch die Quelle beim Schachenecker Hof hat Fridolin anscheinend umgewidmet. Ein Indiz dafür ist der Brauch, Holzstäbe und Kreuze in den Taufstein in der nahe gelegenen Kapelle im Schachenecker Tal als Votivgaben zu legen.

Die Kelten opferten an heiligen Quellen vor allem für Augenleiden alles Mögliche, zum Beispiel Nägel.

Die Überlieferung berichtet, dass Fridolin auf einem Berg der Vogesen, der von den Einheimischen Wasichen genannt wurde, ein Stift und ein Kloster gegründet hat. Vielleicht ist Wasichen mit Wassenheim gleichzusetzen, denn in Wassenheim im Wasgau soll Fridolin seine erste dem hl. Hilarius geweihte Kirche im Elsaß erbaut haben.

In den Vogesen, in der Nähe der über Brumath führenden Römerstraße, in Minversheim, Kanton Hochfelden, steht die einzige im Elsass erhaltene, dem hl. Hilarius geweihte Kirche. Dabei handelt es sich um die Pfarrkirche, die vermutlich ebenfalls von Fridolin selbst gegründet worden ist.

Von Minversheim wanderte er nach Straßburg, wo er eine weitere, heute längst verschwundene dem hl. Hilarius geweihte Kirche und ein Stift erbaute. Im Bistum und in der Stadt Straßburg ist im 19. Jahrhundert die Überlieferung noch lebendig, dass Fridolin dort missioniert hat.[98]

In dem Buch „Merian Topographia Germaniae, Elsass 1663" berichtet der Verfasser auf Seite 52, dass im Jahre 1015 die Fundamente der alten, möglicherweise aus der Zeit des Königs Chlodwig d.Gr. stammenden Hauptkirche, die größtenteils aus Holz erbaut worden war, weggeräumt wurden. An Stelle dieser Kirche, die auf den heiligen Fridolin zurück gehen könnte, gründete man die Fundamente des heutigen Münsters. Wegen des sumpfigen Bodens schlug man Erlenpfähle in den Grund. In dreizehn Jahren hatte man den Bau unter Dach. Danach zog sich der Bau hin. 1275 war das Münster bis auf den Turm fertig erbaut. 1276 begann man das Fundament für den Turm zu legen und 1277 legte der Bischof Conradus den ersten Stein. Es dauerte noch bis 1439 dass der Bau des Münsters vollendet war.

In einer sehr frühen Karte von Straßburg ist ein Kloster mit der Bezeichnung „der Schotten Closter", das in einer späteren Ausgabe als „S.Thomas" auftaucht, eingezeichnet. Möglicherweise handelt es sich um das von Fridolin gegründete Stift.

Dazu gibt es eine Parallele: Der Überlieferung nach soll das Kloster „zu den Schotten" in Konstanz ebenfalls von Fridolin gegründet worden sein. [99]

Von Straßburg zog Fridolin durch Burgund und Rhaetien auf Umwegen nach Chur. Wahrscheinlich lernte er unterwegs auch die alemannische Sprache. Den Weg seines Wirkens kennzeichnen dem hl. Hilarius und dem hl. Fridolin geweihte Kirchen, Kapellen und Fridolinsfeste am 06.März.

Von Straßburg ist er wohl auf die rechtsrheinische Seite gewechselt. Dafür spricht, dass auf der linksseitigen, Elsässer Seite von Straßburg bis Colmar keine dem hl. Hilarius oder dem hl. Fridolin geweihte Kirchen vorhanden sind, während es auf der rechtsrheinischen, badischen Seite sehr wohl einige dieser Kirchen gibt.

In diesem Zusammenhang muss darauf hingewiesen werden, dass es sich bei dem Rhein bis zur Begradigung im 19. Jahrhundert, nicht um einen Fluss im klassischen Sinn gehandelt hat, sondern eher um eine Flusssystem mit Nebenarmen, Altarmen und Sumpfgebieten. Was zu Fridolins Zeiten vielleicht rechts des Rheins lag, liegt heute teilweise links des Rheins und umgekehrt.

Heute weisen auf der linksrheinischen Seite folgende Orte auf das Wirken des hl. Fridolin hin:

In Rheinau, der einzigen Ausnahme im Elsass auf der linksrheinischen Seite, zwischen Straßburg und Colmar, steht eine Pfarrkirche mit einem dem Fridolin geweihten Altar auf dem man ein Bild mit der Erweckung des Ursus angebracht hat.

- In Wettolsheim gibt es eine, dem hl. Remigius geweihte

Kirche, mit einem dem hl. Fridolin geweihten Nebenaltar. Hier steht auch eine Fridolinsstatue, die aus der abgegangenen Ortschaft Feldkirch stammt. In Wettolsheim wird der hl. Fridolin als Schutzheiliger für kranke Kinder angerufen und am 06. März findet hier eine große Wallfahrt mit vielen Pilgern aus der ganzen Umgebung statt, allgemein der ‚große Fridolin' genannt.

- In Geiswasser bei Neubreisach steht eine dem hl. Fridolin geweihte Pfarrkirche.

- In Ensisheim ist eine Kaplanei dem Fridolin geweiht.

- In Steinbach bestand im Mittelalter eine dem hl. Fridolin ge-weihte Kaplanei.

- In Stoßweiler bei Münster stand eine, in der zweiten Hälfte 19. Jahrhunderts verschwundene, dem hl. Fridolin geweihte Kapelle

- In Niedertraubach bei Dammerkirch war die Pfarrkirche dem hl. Fridolin geweiht.

- In Rosenau, gegenüber Istein ist die ‚neue' Pfarrkirche dem hl. Fridolin geweiht.

- In Feldkirch und Bernweiler bei Sulz ist der hl. Fridolin der Nebenpatron der Pfarrkirche. Hier wird am 06. März ein Hochamt gehalten und man veranstaltet eine Wallfahrt, von der Bevölkerung der ‚kleine Fridolin' genannt.

- In Bernweiler wird das Fest am 06.März mit Hochamt, Predigt und Prozession begangen.

- In Franken hat man dem hl. Fridolin in der Pfarrkirche einen Altar geweiht.[100]

Auf der rechtsrheinischen, badischen Seite finden sich folgende Ortschaften mit einem Bezug zu Fridolin:

- In Kappel am Rhein gedachte man des hl. Fridolin am 06. März bis zur Korrektur des Rheins mit einer Prozession an den Rhein zu einer Fridolinskapelle. Seit der Begradigung im 19. Jahrhundert wird stattdessen eine Betstunde in der Pfarrkirche gehalten.

Nach der Überlieferung hat sich Fridolin bei seiner Wanderung nach Alemannien in Kappel und auch in Rheinau auf der anderen Flussseite längere Zeit aufgehalten und soll die beiden

Gemeinden einmal aus „großer Wassernot" befreit haben, das heißt er hat den Menschen bei einer Überschwemmung durch den Rhein geholfen. Dass er von fließenden Gewässern etwas verstand, hat Fridolin auch in Säckingen bewiesen.

- In Bleichheim steht eine dem hl. Hilarius geweihte Kirche,

- In Jechtingen am Kaiserstuhl ist der hl. Fridolin Nebenpatron in der Pfarrkirche und hat einen eigenen Altar. Bis zum Anfang des 19. Jahrhunderts wurde am 06. März eine Prozession an den Rhein abgehalten, mit anschließendem Hochamt. Ende des 19. Jahrhun-derts wurde das Hochamt zu Ehren des hl. Fridolins wieder aufgenommen.

- Wiehre (die Wiehre) bei Freiburg, in der alten Pfarrkirche befand sich eine Statue des hl. Fridolin aus der früheren Eremitage St. Valentin. Die Eremitage St. Valentin war in den umliegenden Schwarzwaldtälern sehr populär.

- Ebnet und Bollschweil haben dem hl. Hilarius geweihte Kirchen.

- In Schlatt wird jedes Jahr am Montag nach ‚Fridlini' eine Betstunde zur Verehrung und Anrufung des hl. Fridolins abgehalten.

- In Gündlingen, Krotzingen und Oberampringen stehen je eine Fridolinskapelle. In Oberampringen wurde am 06. März ein Gottesdienst zu Ehren des hl. Fridolin gefeiert.

- In Bremgarten lässt der Gemeinderat am 06. März eine heilige Messe mit anschließender Betstunde zu Ehren des hl. Fridolin lesen. Auf dem Hochaltar befindet sich eine Statue des hl. Fridolin.

- In Neuenburg wird Fridolin als Schutzpatron verehrt und man begeht seinen Festtag.

- In Liel gibt es eine Fridolins-Statue mit Ursus.

- In der Pfarrkirche zu Istein steht ein dem hl. Fridolin geweihter Altar. Die Gemeinde ließ jährlich am 06. März eine heilige Messe zu Ehren des hl. Fridolin lesen, bei der der Rosenkranz und die Fridolinslitanei gebetet wurden. Am Sonntag danach wurde für die Anschaffung der Fridolinskerze gesammelt, die an Sonn- und Feiertagen angezündet wurde. Nach der

Überlieferung soll die Gegend um Neuenburg, Liel und Istein von Fridolin bekehrt worden sein.[101]

Zu den rechtsrheinischen Gemeinden gehörten ursprünglich zum Teil große Gebiete auf der linksrheinischen, der elsässischen Seite. So gehörte ein großes Gebiet im Elsass bis zur Französischen Revolution zu der Pfarrei Istein.

Fridolin wanderte bevorzugt auf den römischen Straßen, um an den größeren Orten vorbeizukommen und dort das Evangelium zu predigen. Von Kembs führten zwei Straßen durch Burgund nach Raetien. Eine davon nahm Fridolin und besuchte auf seiner Wanderung etliche Klöster.

Die Verhältnisse in dem Gebiet am Hochrhein in den letzten Jahrhunderten der römischen Herrschaft

Um die Zeit Fridolins besser zu verstehen, ist es vielleicht sinnvoll die Ereignisse zur Zeit der Völkerwanderung in Süddeutschland zu betrachten.

Die germanischen Raubzüge machten ab Mitte des 3. Jahrhun-derts den Bewohnern Raetiens, des Alpenvorlands, das Leben schwer. So kam es in den Jahren 259/260 zu einem ersten Einfall germanischer Völker in Raetien. Eine große Zahl von Alamannen zog auf Raubzug nach Süden, nach Italien und wurde bei Mailand von römischen Truppen besiegt. Eine andere Gruppe waren die Jungthungen, die um diese Zeit bis Ravenna zogen um dann auf dem Rückweg 260 bei Augsburg von römischen Truppen geschlagen wurden. Ständige Diadochenkämpfe schwächten die römische Herrschaft zusätzlich.

Raetien, das Gebiet zwischen Donau und Alpen, verfiel außerhalb der festen Städte zu einer Wüstenei. Die Landschaft lag in Schutt und Asche. Nur rund um die größeren, befestigten Städte, hauptsächlich Augsburg und Regensburg, war ein geordnetes Leben möglich.[102]

Ähnliche Verhältnisse kann man auch für die Umgebung von Säckingen annehmen. Vor allem die römischen Bewohner des rechtsrheinischen Gebiets sind wohl durch die kriegerischen Ereignisse umgekommen oder vertrieben worden.

Hinzu kommt, dass sich in der Gegend 250 n. Chr. ein

schweres Erdbeben ereignete, bei dem Augusta Raurica erheblich zerstört wurde. In der Folge wurde Augusta Raurica in zwei Teile getrennt – in die Siedlung auf dem ‚Kastellenhügel' und den am Rhein liegenden militärischen Stützpunkt, in das von einer Stadtmauer befestigte ‚Castrum Rauracense:'

Sicher wurde die vermutete Siedlung auf der Säckinger Insel ebenfalls zerstört und vielleicht auch nicht mehr aufgebaut.

Kaiseraugst spielte zu Fridolins Zeit noch eine wichtige Rolle. Es war der Sitz eines Bischofs. Im Jahr 346 amtierten Justinianus und im Jahr 600 Ragnacharias als Bischof in Kaiseraugst.

Säckingen war vermutlich, der römischen Verwaltungseinteilung folgend, Teil der Diözese Vindonissa (Windisch), später Konstanz, während die linke Rheinseite, heute die Schweizer Seite, zum Bistum Augusta Raurica gehörte.[103]

Durch die kriegerischen Ereignisse sahen sich die Römer zur Rücknahme des Obergermanischen/Raetischen Limes gezwungen. 260 wurde das Legionslager von Vindonissa (Windisch) neu erbaut und ab 285 wurden die Kastelle an Donau, Bodensee und am linken (heute Schweizer) Ufer des Hochrheins errichtet. Diese Baumaßnahmen wurden unter den römischen Kaisern Diokletian (284-305) und Konstantin durchgeführt.

Stein am Rhein zum Beispiel gründet sich auf das römische Castell ‚Tasgetium'(Eschenz) mit einer Brücke über den Rhein. Gleichzeitig wurde die Armee neu organisiert. Sie bestand aus stationären Grenztruppen (Limitanei) und den mobilen Feldheeren (Comitatenses).

Die Grenztruppen standen unter dem Kommando des ‚Dux Raetiae'.

Der neue Limes wurde zusätzlich durch eine kampfstarke Rheinflotte unterstützt. Deren Hauptquartier vermutet man in Mainz. Auch auf dem Bodensee operierte eine römische Flotte, mit dem Stützpunkt Brigantium (Bregenz).

Um die Jahre 370/71 wurden die Befestigungen unter Kaiser Valentinian I. noch einmal ausgebaut. Nach einer Inschrift war die Legio VIII, Augusta und/oder die Einheit „Tungrecani seniores" an den Bauarbeiten beteiligt. Für den Abschnitt am Hochrhein stellte die Legio I, Martia die Grenztruppen.

Um 401 wurden die römischen Truppen zu einem großen Teil abgezogen, und es kam 406/407 zu einem vorrübergehenden Zusammenbruch der Rheingrenze. Die Bewohner der Grenzgebiete am Hochrhein mussten die Sicherung der Grenze selbst übernehmen. Zwischen 407 bis 435 verteidigten die Burgunder, als die ‚foederati' der Römer, die Rheingrenze. Ab 450 verfiel die römische Vorherrschaft am Hochrhein.[104]

Für Säckingen war die Situation vielleicht etwas ungemütlich. Möglicherweise war die Insel in die Befestigungen des neuen Limes eingebunden, denn der Hauptstrom floss an der heutigen, deutschen Seite, während der linke, der heutige ‚Schweizer' Arm während des größten Teils des Jahres trocken lag, beziehungsweise kaum Wasser führte. Gegenüber auf dem linkrheinischen Ufer, in Stein und Umgebung konnten mehrere Kastelle und ein befestigter Magazinbau nachgewiesen werden.

Der Wissenschaftler Alfons Zettler schreibt in seinem Artikel ‚Fragen zur älteren Geschichte von Kloster Säckingen' über die strategische Lage von Säckingen:

„Das auf dem linken Rheinufer gelegene Stein bildete nach dem Urteil von Walter Drack seit römischer Zeit einen wichtigen Knotenpunkt. Hier gabelte sich die Straße von Basel und Augst rheinaufwärts an den Bodensee und nach Vindonissa (Windisch) sowie Zürich. Beide Straßenzüge erschließen das (spätere) südliche Alemannia bezw. Churrätien, und gewähren ... den unmittelbaren Zugang zu den Bündner Pässen. Säckingen kontrollierte (zur Zeit der Franken) diese bedeutende Station des königlichen Reisewegs und bot außerdem als Rheininsel die natürlichen Voraussetzungen für den Flussübergang und sogar den Brückenschlag über den Strom .... Laut Drack muss hier ein stark befestigter Rheinübergang angenommen werden, wie die benachbarten Kleinkastelle des Rheinlimes von Mumpf und Sisseln anzeigen.

Säckingen war also Verkehrsknotenpunkt, Brückenkopf und (später) gewissermaßen Tor vom Frankenreich nach Italien. Dies und die Konzentration antiker Einrichtungen um

Stein und Säckingen erlaubt des weiteren den Schluss, dass Säckingen bereits im Verlauf der Durchdringung Alemanniens während des 8. Jahrhunderts zum Königsgut genommen wurde, zu dem es von alters her ohne Zweifel und für jedermann erkennbar – wie es im Fridolinsleben heißt – gehört hatte." (Zitat Ende)[105]

In diesem Zusammenhang ist auch eine Bemerkung aus dem 18. Jahrhundert interessant.

Zitat in Bezug auf Säckingen: „... Spuren einer Besiedelung zu römischer Zeit sind zwar gefunden worden; als wegen seiner Thermalquellen beliebtes Bad ist Säckingen allerdings erst seit dem frühen Mittelalter dokumentiert.".[106]

Doch zurück zu Fridolin. Bei Basel wandte sich Fridolin vom Rhein ab und wanderte durch das Burgund nach Chur (römisch: Alpina Rhaetia).

Wie Henricus Murer in seinem Buch „Helvetia Sancta" feststellt, bestätigt der Abt von St.Gallen, Notkerus, die Anwesenheit Fridolins in Chur.[107] Nach Notkerus' Zeugnis, besprach Fridolin mit dem Bischof von Chur seine bisherige Reise und was er weiterhin unternehmen wollte. Fridolin hat bekanntlich immer Wert darauf gelegt, nur mit dem Einverständnis der zuständigen Autoritäten tätig zu werden, sei es in Irland und in Poitiers.

In Chur errichtete Fridolin eine dem hl. Hilarius geweihte Kirche und ein Stift am linken Ufer des Plessur auf einem Hügel, etwas oberhalb der Stadt. Das Stift soll dem hl. Nabor geweiht worden sein, wie auch das Stift in Helera.

Kirche und Stift waren 1641 verfallen und deren Ruinen 1884 noch zu sehen. Der Platz wurde St. Lerin (Lerius/Hilarius) genannt. Der Selige Canisius vertrat die Ansicht, dass Fridolin die dem hl. Hilarius geweihte Kirche in Chur erbaut hatte, um die Katholiken in ihrer Zugehörigkeit zur römisch-katholischen Kirche zu bestärken.[108]

Fridolin soll auch in Saint-Avold, wie die örtliche Überlieferung berichtet, eine kleine Kirche erbaut haben.

Siegebald, ein Bischof von Metz ließ um 720 hier eine Abtei errichten. Mehr als 40 Jahre später brachte Chrodegang, ein

Minister von Karl Martell und Pipin dem Kurzen, am 24.August 765 Reliquien der heiligen Nabor und Felix nach Saint-Avold.

Möglicherweise hatte Fridolin die Kirche dem heiligen Nabor geweiht, wie ein Hinweis in der „Helvetia Sancta" nahe legt. Henricus Murer schreibt, die Kirche in Chur sei, wie die (Kirche) in Helera an der Mosel St. Nabors Stift genannt worden.[109]

Das muss aber nicht sein. Von der Bemerkung von Henricus Murer ausgehend, Helara und Chur wären dem heiligen Nabor geweiht gewesen, lässt sich nicht zwingend darauf schließen, dass Fridolin diese Klöster (Stift = Frauenkloster) dem heiligen Nabor geweiht hätte. Sicher ist, dass beide Klöster zwischen 986 (Balthers Todesjahr) und 1641 (Bericht des Henricus Murer) dem heiligen Nabor geweiht waren. Dafür spricht auch, dass die Reliquien der heiligen Nabor und Felix erst 765 nach Saint-Avold gekommen sind – gut 200 Jahre nach Fridolin

Vielleicht versteckt sich hinter Saint-Avold das Helera Balthers.[110] Allerdings liegt Saint-Avold etwa 40 Kilometer Luftlinie von der Mosel entfernt. Anderseits muss es sich zu Balthers Zeiten um ein sehr armes Kloster gehandelt haben, das nicht einmal Schreibmaterial zur Verfügung stellen konnte. Das könnte sich durch die abgelegene Lage erklären. Die Klöster an der Mosel waren sicher wohlhabender, denn der Weinbau, unterstützt von der Kirche, florierte.

In Chur residierten folgende Bischöfe:
Pruritius, ums Jahr 460,
Claudianus, ums Jahr 485
Ursicinus I. ums Jahr 485
Sidonius, Ende des 5.Jahrhunderts
Eddo, Anfang des 6.Jahrhunderts
hl. Valentinianus, bis zum Jahre 548
Der hl. Valentinianus war zur Zeit der großen Hungersnot ein großer Wohltäter der Armen und Dürftigen.[111]

Die Hungersnot zur Zeit des hl. Valentinianus war sicheer eine Folge der weltweiten Klimakatastrophe von 536-546. Als Ursache kommt nach neuesten Forschungen der Einschlag eines Meteoriten in Australien im Golf von Carpentaria mit einem Durchmesser von etwa 600 Metern in Frage. Zeitnah kam es zu einem gewaltigen Vulkansausbruch, wie Spuren im grönländischen und im antarktischen Eispanzer zeigen. In Frage kämen der Krakatau in Indone-sien oder der Vulkan El Chichon in Mexiko, dessen Ausbruch auf das Jahr 539 festgelegt werden konnte.

Die Folge der Naturkatastrophe waren gigantische Staubwolken, die um die Erde wirbelten und das Sonnenlicht abschirmten. Zehn Jahre lang kam es zu Missernten, die Bäume wuchsen praktisch nicht mehr. Die Durchschnittstemperatur sank um 3 Grad. Es kam zu Hungersnöten und Aufständen. Weltweit gingen bestehende Kulturen unter. Ein großer Teil der Menschheit muss durch die Folgen dieser Katastrophe umgekommen sein.[112]

Nachdem Fridolin die Kirche in Chur vollendet hatte, nahm er seine apostolische Wanderschaft wieder auf. Bei seinem Aufenthalt in Chur hatte er nach der Rheininsel geforscht, und die Einwohner hatten ihm bereitwillig Auskunft gegeben. Über seine Reiseroute berichtet der Mönch Balther nichts, aber nach der Überlieferung soll Fridolin in Konstanz das Kloster „zu den Schotten" gegründet haben und über Kaiserstuhl, Zurzach nach Windisch und von dort über Zürich nach Glarus gewandert sein. Es ist gesichert, dass Fridolin in Glarus war. Sogar der Name Glarus soll auf Hilarius – Hil = Gl – zurückgehen.[113]

In der Chronik „Johann Stumpf, Zürich 1584", S.419 wird berichtet:

„Während der römischen Kaiser Diokletianus und Maximianus (284–305) kamen St. Felix, St. Regula und St. Exruperantius während der Christenverfolgungen aus Italien ins Glarus. Das Land war zum größten Teil wüst und unbewohnt. Sie lebten etliche Zeit auf einem Hügel in der Nähe des Dorfes Glariß, auf dem später eine Burg gebaut wurde, die aber bald wieder zerstört wurde. Stattdessen erbaute man an dieser Stelle eine Kapelle, die in dem Namen Auffburg an die zerstörte Burg erinnerte. Die Burg war aber zu Fridolins Zeiten schon vergangen. An dieser Stelle erbaute Fridolin eine Hilarius-Kirche und predigte Christen und Heiden."

Während seiner Zeit im Glarus bekehrte Fridolin die Herren von Glarus, die Brüder Landolph und Ursus und viele Untertanen. Durch seinen Einfluss traten viele Männer und Frauen in die von ihm gegründeten Klöster ein. [114]

3. Kapitel

**Fridolin erreicht die Rheininsel
sein Aufenthalt in Säckingen bis zu seinem Tod**

Es wird wohl im Jahre 506 gewesen sein, als Fridolin zum ersten Mal in Säckingen ankam. Er näherte sich der Insel von der heutigen „Schweizer" Seite und watete durch den flachen Flusslauf. Der Hauptstrom war damals der andere, heute lange verlandete, und bebaute Flusslauf an der „deutschen" Seite. Der letzte Rest dieses alten Flusslaufs ist der Gießen. Die Spitze der Insel lag dort, wo heute der Gallusturm steht. An diesem Punkt hatte damals Fridolin den Fluss umgeleitet. Allerdings steht der Gallusturm heute, durch die Tieferlegung des Rheins im Zusammenhang mit dem Bau des Kraftwerks in den 1960er Jahren, etliches höher über dem Wasserspiegel des Rheins als früher.

Fridolin wanderte über die Insel, wurde aber von erbosten Einheimischen, die ihn für einen Viehdieb hielten, mehrfach übel misshandelt. Sie geißelten und verjagten ihn. Das passierte ihm noch mehrmals. Die Einheimischen der „Schweizer" Seite nutzten die Insel nämlich als Viehweide und waren Fremden gegenüber äußerst misstrauisch.[115]

Es waren stürmische Zeiten. Hundert Jahre vorher, in den Jahren 407 bis 409, fielen zahlreiche Kämpfer der germanischen Stämme der Alemannen, Vandalen, Alanen, Sueben, Burgunder, Heruler, Gepiden, Franken und andere, nachdem sie mit geschätzten 200.000 Mann unter dem frei gewählten Herzog Radogast (Radageis, gotischer König) in Italien gescheitert waren, mit neuen Verstärkungen in Gallien ein. Dabei verwüsteten sie die ganze Umgebung von Säckingen. Windisch und Kaiseraugst wurden zerstört. Danach kamen die Hunnen unter Attila, die auch keinen Stein auf dem anderen ließen ...[116]

In der Gegend von Säckingen bestanden rechts und links des Rheins kleine Ansiedlungen. Die Menschen waren Heiden mit wenigen christlichen Familien, die ihren Glauben aus der

Römerzeit noch bewahrt hatten. Dennoch bestanden Bischofssitze, die rechtsrheinische Seite mit dem heutigen Säckingen gehörte zum Bistum Windisch (Vindonissa) an der Aare, und die linksrheinische (Schweizer Seite) gehörte zum Bistum Kaiseraugst (Augusta Raurica). Der Bischofsitz von Windisch wurde erst nach dem Tode des hl. Fridolin unter Bischof Maximus oder Maximinius von Windisch nach Konstanz verlegt, weil die Zahl der Christen in der weiteren Umgebung gewaltig zugenommen hatte. Möglicherweise war dies eine Folge des Wirkens des hl. Fridolin und des von ihm organisierten Missionswerks seiner Mitbrüder.

Ein drittes Bistum existierte in Chur.

Aus den Bistümern sind die Namen einiger Bischöfe überliefert. So amtierten in Kaiseraugst:
- Justinianus (346) und
- Ragnacharias (um 600).

In Windisch amtierten zur Zeit des hl. Fridolin die Bischöfe:
- Bubulcus auch Boulcus oder Bovicus
- Grammantius
- Erammitius (509)
- Maximus auch Maximinius,

Im Bistum Chur amtierten:
- Ursincinus
- Sidonius
- Eddo
- Hl. Valentinianus, der während einer Hungersnot viel für die Armen getan haben soll.

Fridolin kannte diese Geistlichen sicher persönlich und hat mit ihnen zusammengearbeitet.

Als er bei den Einwohnern der linksrheinischen Seite nichts erreichte, begab sich Fridolin wieder zu König Chlodwig I. nach Paris und kam mit einer königlichen Schenkungsurkunde, die Überlieferung bezeichnet ihn als einen „Gewalts- oder Schirmbrief", den Fridolin selbst siegeln musste, zurück. (merkwürdig?!)

Er erhielt die Insel zu „ewigem" Eigentum. Begleitet wurde er von Abgesandten des Königs, die den Willen des Königs unter Androhung der Todesstrafe durchsetzen mussten. König Chlodwig wollte auch die Männer, die Fridolin misshandelt hatten, bestrafen lassen, aber auf seine Bitten hin sah er davon ab. Von da an war Ruhe in der Gegend und Fridolin konnte seiner missionarischen Aufgabe nachgehen.[117]

Wie Balther berichtet, kam Fridolin wohl 508 endgültig nach Säckingen. Kaum angekommen, durchstreifte er die Insel nach einem geeigneten Bauplatz für die Kirche. Ermattet von der langen Reise legte er sich zu einem kurzen Schlaf ins Gras, und die Tasche mit der Reliquie des hl. Hilarius hängte er in einen Baum. Als er erwachte, hatte der Baum, an den er seine Tasche gehängt hatte, seine Äste wie betende Hände zusammengelegt und zur Erde geneigt, wobei der Baum nicht entwurzelt, sondern der Stamm zu einer biegsamer Rute geworden war. Fridolin hielt dies für einen Hinweis Gottes, dass er an dieser Stelle seine Kirche bauen und hier die Reliquie des hl. Hilarius niederlegen sollte.[118]

Er hatte nun den Bauplatz für seine Kirche gefunden, aber für sich und seine Begleiter bat er um Obdach bei der Familie eines Christen namens Wachere, in einem Weiler vermutlich auf der rechten Seite des Rheins, denn die Bewohner der linken Rheinseite hatten ihn mehrfach misshandelt und von der Rheininsel vertrieben. Balther hat nicht berichtet, auf welcher Rheinseite Fridolin Unterkunft suchte.

Nach dem Bericht des P.F. Henricus Murer (1588-1638) in seinem Buch „Helvetia Sancta", gedruckt 1751, handelte es sich bei Wachere um „ein erbahrer / namhaffter / und reicher Mann / der vil Gut bei dem Rhein besasse..."[119]

Bei seiner Ankunft traf Fridolin auf die Frau des Wachere, die ihn gleich anfuhr (ein Zitat Balthers):

„Mein Bruder! Warum übergehst du alle übrigen Wohnungen in diesem Weiler und suchst nur mich heim, da du doch sehen musst, wie gerade unsere Gebäude alle vom Feuer zerstört sind und nur ein einziges Häuschen übrig blieb, in welchem ich und mein Alter kaum genug Platz haben? Zudem kommst du nicht einmal allein, sondern ziehst da und dort umher mit einer Schar von anderen. Und wer weiß, woher ihr überhaupt seid. Wie wenn du nicht wüsstest, welchen Mangel wir in diesem Jahre an Lebensmitteln leiden!"

Wachere kam darüber herzu und beruhigte seine Frau. Ja, er bat Fridolin am nächsten Tag, seine in der verflossenen Nacht geborene Tochter, zu taufen.

Wacheres Frau wurde durch diese Zustimmung noch ärgerlicher und ihre Wut wuchs noch mehr, als Wachere dem Fridolin noch einen großen Teil seiner Erbschaft und Besitzungen schenkte.

Mit der Zeit änderte Wacheres Frau ihre Meinung und sie übergab ihre Tochter, laut Überlieferung ‚Gela' mit Namen, Fridolin zur Ausbildung. Später wurde Gela die erste Nonne und die erste Äbtissin des von Fridolin gegründeten Frauenklosters.

Von da an „unterstützten Wachere und seine Frau mitsamt der Verwandtschaft die Arbeit des hl. Fridolin."[120]

Möglicherweise hat Fridolin auch einen Sohn des Wachere getauft. Die Eltern scheinen Christen gewesen zu sein.[121]

Zu den Hintergründen:

Bei Wachere könnte es sich um einen keltischen Clanchef gehandelt haben. Die Formulierung „mitsamt der Verwandtschaft" könnte darauf hindeuten, dass Wachere der Chef eines weitverzweigten Clan gewesen sein könnte. Des weiteren schenkte Wachere Fridolin: (Zitat): „... einen Teil seiner Erbschaft und Besitzungen ...". Das Adjektiv „seiner" bedeutet, er schenkte nur von dem Teil des Vermögens, den er in die Ehe gebracht hatte. Über den Besitz, den seine Frau mit in die Ehe gebracht hatte, konnte er nach keltischem Brauch nicht verfügen.

Auch das selbstbewusste Verhalten seiner Frau spricht in diesem Kontext für die keltische Herkunft Wacheres, denn die keltischen Frauen waren den Männern vergleichsweise gleichgestellt, im Gegensatz zu den damaligen Germaninnen und den Römerinnen. Solche Verhältnisse sind Fridolin aus seiner Heimat Irland vertraut gewesen, und vielleicht hat er auch genau deshalb Wachere und seine Familie ausgesucht. Dazu kommt, dass den Kelten die Gastfreundschaft besonders heilig war.

In der Gegend von Säckingen und Umgebung lebten zur Zeit Fridolins Nachfahren der Römer, Helvetier, Rauricaner und der im Rahmen der Völkerwanderung eingewanderten Alemannen. Die Rauricaner und Helvetier waren keltische Völker, die von den Römern unterworfen worden waren. Es ist sehr wahrscheinlich, dass diese Völker ihre angestammten gesellschaftlichen Strukturen durch die Jahrhunderte erhalten hatten.

Auch Joh. Stumpff berichtet 1584 in seiner Chronik, dass Fridolin den Helvetiern, Rhetiern und Rauracern den christlichen Glauben gepredigt hat.

Auch vertreten Historiker heute die Meinung, dass sich das Alemannische im Schweizer Sprachraum erst im 11. Jahrhundert durchgesetzt hat. Man sprach keltisch, beziehungsweise die gebildeten Schichten lateinisch. Das traf sicher auch auf Säckingen zu.

Darauf deuten auch etliche Flurnamen keltischen Ursprungs hin, die sich bis heute gehalten haben.

Auch manche Ausdrücke der alltäglichen Umgangsprache, wie auch der Name ‚Säckingen' könnten keltischen Ursprungs sein. Dafür spricht die mögliche keltische Wurzel des Namens Säckingen.

In alten Chroniken wurde Säckingen als Seckingen, Seconium, Secanis, Secana und Sequanium geschrieben. Diese Ausdrücke sind keltischen Ursprungs und setzen sich ursprünglich aus den keltischen Worten „seac" = trocken und „ana" = Fluss zusammen.

Der Name Seac-ana = trockener (eintrocknender) Fluss ergibt für Säckingen durchaus einen Sinn. Der linke Flussarm war meistens trocken und führte nur Wasser in der Zeit der Schneeschmelze. Der Hauptfluss war der rechte, heute überbaute, Rheinarm.

Ähnliches gilt für die Seine (Sequana) in Frankreich.[122]

Weil im Mittelalter Säckingen einen Kranken im Wappen

führte, glaubte man Säckingen auch von Sickingen, (Siechingen/Ort der Siechen) ableiten zu können.

Allerdings schreibt Henricus Murer in seinem Buch „Helvetia Sancta", dass Säckingen ursprünglich den Namen Sancionum und danach den Namen Sacconium (Sacco = Sack) geführt habe. Er berichtet, dass der Ort völlig zerstört und zur Einöde geworden sei. Der Satz, „dieser Ort sei uralten römischen Kriegsleuten und deutschen Soldaten wohl bekannt gewesen", soll wohl bedeuten, dass Sancionum/Sacconium öfter in kriegerische Ereignisse verwickelt war. [123]

Eventuell haben die keltischen und die lateinischen Wurzeln des Namens Säckingen beide ihre Berechtigung. Vielleicht handelt es sich dabei ursprünglich um eine keltische Siedlung, die von den Römern erobert, natürlich einen lateinischen Namen erhielt.

Dafür gibt es ein Beispiel aus der näheren Umgebung. Es handelt sich um die Schweizer Stadt Zurzach.

In dem Gebiet von Zurzach entstand um 400 v. Chr. (Latene-Zeit) eine keltischen Siedlung mit Namen Tenedo. Nach der Niederlage der Helvetier bei Bibracte gegen Caesar, 58 v. Chr., als die überlebenden Helvetier in ihre Heimat zurückgeschickt worden waren, richteten die Römer in der keltischen Siedlung einen Stützpunkt ein. Man erbaute ein Kastell und eine Brücke über den Rhein. Den keltischen Namen Tenedo behielt man bei.

Irgendwann kam ein lateinischer Namen auf, denn der Name Zurzach geht auf die lateinische Bezeichnung „Praedium Ortiacum" = dem Ortius gehörendes Landgut zurück.[124]

Ein weiterer Hinweis auf die Geschichte der Säckinger Insel

Eine aufschlussreiche Bemerkung für die Geschichte der Säckinger Insel machte Petrus Damiani, ein hoher kirchlicher Würdenträger. Er versichert in seinem Schriftsatz, anlässlich der zweiten Umbettung der Reliquien des hl. Hilarius in Poitiers, am Ende des 3. Kapitels, die Fridolinsvita, auf die er sich stützte, nicht selbst gesehen, sondern nur in groben Zügen (fraterna relatio) erfahren zu haben. In seinem Bericht heißt die Insel, auf der Fridolin seine Hilarius geweihte Kirche gebaut hat, allerdings nicht Säckingen sondern „Gallinaria".

Die Historikerin Margrit Koch hält dies für eine Verwechslung mit der Insel Gallinaria im Mittelmeer, die in der Hilariusvita eine Rolle spielt.[125]

Daran könnte man zweifeln. Die Gründe liegen unter anderem in der Person des Petrus Damiani und in den Lebensbeschreibungen des hl. Hilarius und des hl. Martin.

Doch zuerst zu Petrus Damiani.

Petrus Damiani (1006 bis 1072) ist ein prominenter Würdenträger der katholischen Kirche. Er wurde Prior in einem Kloster und kämpfte mit Wort und Schrift gegen den Verfall der Sitten des Klerus. 1057 wurde er von dem deutschen Papst Stephan IX. zum Kardinal und Bischof von Ostia erhoben. Gemeinsam mit Hildebrand, dem späteren Papst Gregor VII., kämpfte er gegen die Simonie (Käuflichkeit von kirchlichen Ämtern) und für den Zölibat. Aus Abscheu über die Sittenlosigkeit der römischen Kleriker zog er sich in ein Kloster zurück. Aber schon 1062 war er wieder als päpstlicher Legat unterwegs.

Sein letzter Auftrag führte ihn nach Ravenna. Hier gewann er die Bürger nach dem Tod des kaiserlich gesinnten Erzbischofs für die römische Kurie zurück. Es war die Zeit des Streites zwischen Papst und Kaiser, der in dem Gang des deutschen Kaisers Heinrich IV. nach Canossa gipfelte. Auf der Rückreise starb er in der Stadt Faenza.[126]

Zahlreiche seiner Schriften sind überliefert.

Petrus Damiani setzte sich für eine wirksame Reform der Kirche ein und hielt sie nur im Zusammenwirken von geistlicher und weltlicher Gewalt für möglich. Vorher hielt er als kirchlicher Würdenträger guten Kontakt zu dem deutschen Kaiser Heinrich III. Besonders eng wurde seine Beziehung zu der päpstlichen Kurie unter den Päpsten Leo IX. und Stephan IX.

Zum Beispiel reiste er 1069 er als päpstlicher Legat nach

Frankfurt und trat dort auf der Synode dem deutschen König Heinrich IV. entgegen, der die Scheidung von seiner Frau Berta von Turin betrieb, und der darauf von seiner Absicht Abstand nahm.[127]

Es war sicher nicht seine erste Reise nach Frankfurt, beziehungsweise nach Frankreich. Diese Reisetätigkeiten sind in diesem Zusammenhang besonders interessant, denn man kann davon ausgehen, dass der hohe Herr auf seinen Reisen von Italien nach Frankfurt im Kloster Säckingen abgestiegen ist. Säckingen war ein Verkehrsknotenpunkt auf dem Weg zwischen Italien und dem nördlichen Europa.

Hier hat Petrus Damiani wohl auch die Geschichte des hl. Fridolin erfahren. Und man kann davon ausgehen, dass er die Schriften des hl. Hilarius und des Sulpicius Severus kannte. Beide Gelehrte waren wichtige Autoren für die katholische Kirche.

Der hl. Hilarius, als auch Sulpicius Severus waren Zeitgenossen des hl. Martin und kannten ihn persönlich. Sulpicius verfasste eine Lebensgeschichte des hl. Martin. Sein Hauptwerk „Historia Sacra" wurde in den Jahrhunderten immer wieder gedruckt.

Es ist deshalb sehr wahrscheinlich, dass Petrus Daminani die Bezeichnung „Gallinaria" für die Säckinger Insel im Gegensatz zu der Insel Gallinaria im Mittelmeer sehr bewusst überliefert hat.

Vielleicht sollte man daher einmal die Überlegung in Erwägung ziehen, dass es sich bei der Insel Gallinaria des hl. Martin und des hl. Hilarius um die Säckinger Insel gehandelt haben könnte.

Es spricht auch einiges dafür:

Der hl. Martin wurde als Sohn eines römischen Offiziers vermutlich 316 in Sabaria/Szombathely – deutscher Name Stein-am-Anger geboren, wuchs in Italien in Ticium (Pavia) auf und wurde mit 15 Jahren zum Militärdienst in der kaiserlichen Garde, einer Eliteeinheit des Kaisers Constantius II. (337-361) und des Caesar Julian (355-360) nach Mailand einberufen. Datierung und Umstände seines Abschiedes sind umstritten.[128]

Sulpicius Severus möchte sich mit der Martins-Vita gegenüber seinen Zeitgenossen als Literat profilieren, den alten Römern ebenbürtig, natürlich unter christlichem Vorzeichen. Er nimmt sich die Kaiserviten des römischen Dichters Sueton zum Vorbild.

Daneben verfolgt Sulpicius Severus ein weiteres Ziel. Er nimmt das Leben des heiligen Martin als Beispiel für eine vorbildliche christliche Lebensweise. Er propagiert die Askese als die angebrachte Lebensweise, nicht nur für Mönche, sondern auch für den höheren Klerus, als Abkehr und Distanzierung von der weltlichen Macht. In dem Amtsverständnis des heiligen Martin, er leitete als Bischof seine Diözese aus einer Mönchszelle heraus, sah er das Beispiel für die christlichen Amtsträger. Die Herren waren natürlich nicht begeistert.

Die Vorbehalte der „Amtskirche" gegen die von Sulpicius Severus propagierte und von dem heiligen Martin gelebte vorbildliche Lebensweise, bewegten sogar Papst Coelestin, fast 30 Jahre nach dem Tode des hl. Martin, im Jahre 428 in einem Brief an die Bischöfe von Vienne und Arles, sich über die asketische Lebensweise der Mönche zu beklagen: (Zitat) „...wuchsen nicht in der Kirche auf, kleiden sich in Kutten mit einem Strick um die Lenden... Warum müssen sie diese Gewänder tragen und die Gewohnheiten so vieler Jahre ... gegen andere eintauschen?"[129]

Ein weiteres Problem, dem sich Sulpicius Serverus gegenübersah, war die militärische Vergangenheit des heiligen Martin. In der Umgebung des Sulpicius Severus war man der Ansicht, dass der Beruf des Soldaten ziemlich unvereinbar mit dem Christentum war. Also verkleinerte und idealisierte er die Dienstzeit des heiligen Martin und lässt ihn nur kurz Dienst leisten.[130]

Martin selbst ließ nichts von seinem Leben verlauten, wie Sulpicius Severus schreibt. Alle Berichte über sein Leben stammen von Dritten, von Menschen die irgendwie mit ihm zu tun hatten, beziehungsweise Zeugen seiner Wunder wurden.[131]

Die Legende berichtet, dass Martin von seinem Vater zum Militärdienst gezwungen wurde, wie es durch ein Gesetz des römischen Kaisers für Söhne von römischen Offizieren vorgeschrieben war.[132]

Während seiner Dienstzeit teilte er am Stadttor von Amiens in einem ungewöhnlich kalten Winter, in dem schon viele Menschen erfroren waren, seinen Soldatenmantel mit einem armen Bettler.

In einer Vision bestärkt, ließ er sich darauf von Hilarius taufen.[133]

Vor einer Schlacht gegen die Germanen bei dem heutigen Worms (Civitas Vangionum) verweigerte er den Dienst und bat um seine Entlassung mit dem Argument, er sei ein Soldat Christi und nicht mehr ein Soldat des Kaisers. Dies wurde ihm verweigert. Er bot an, (Zitat): ... „will ich mich am morgigen Tag unbewaffnet vor die Schlachtreihe stellen und im Namen des Herrn Jesu, vom Kreuzeszeichen statt von Schild oder Helm geschützt, furchtlos in die feindlichen Formationen eindringen."

Man ließ ihn also in Gewahrsam nehmen, „...(um) ihn unbewaffnet den Barbaren vorzuwerfen."

Am folgenden Tag schickten die Feinde Gesandte zu Friedensverhandlungen ... und (unterwarfen) sich. Kurz danach wurde er wohl nach der normalen Dienstzeit im Jahr 356 entlassen.[134]

Nach seiner Entlassung wanderte er zu Bischof Hilarius nach Poitiers, kurz vor dessen Verbannung, und ließ sich von ihm zum Exorcisten, dem niedrigsten Amt im damaligen Klerus weihen. Anschließend zog er sich auf die Insel Gallinaria, möglicherweise Säckingen zurück.

Da ihm aber auf die Insel viele Anhänger folgten, gab er das Leben als Einsiedler bald wieder auf und wanderte zu seinen Eltern nach Pannonien, wo er seine Mutter zum Christentum bekehrte. Sein Vater, ein römischer Offizier, blieb seinen angestammten Göttern treu.[135].

In Pannonien (heutiges Ungarn, südlich und westlich der Donau) predigte er gegen die Irrlehre des Arianismus und wurde deshalb immer wieder misshandelt und aus den Städten vertrieben. Darauf reiste er nach Mailand, wo er sich in einer Zelle niederließ. Aber auch hier wurde er von dem arianischen Metropoliten Auxentius aufs heftigste angegriffen und der Stadt verwiesen. Darauf zog er auf die Insel Gallinaria.

Martin kann sich durchaus auf der Säckinger Insel niedergelassen haben. Sie lag praktisch am Weg. Ob er auf dem Weg von Poitiers nach Pannonien, auf den römischen Straßen in Deckung des römischen Donau-Iller-Rhein-Limes oder von Mailand über die Alpen den Rhein entlang in Richtung Poitiers unterwegs war, immer kam er an der Insel Säckingen vorbei. Auch die Tatsache, dass ihn so viele Anhänger immer wieder aufgestört haben, wie auch, dass Martin auf der Insel von der Rückkehr des hl. Hilarius erfahren haben soll, spricht für die Rheininsel. Die Insel war von der sicheren, römischen Seite leicht zu erreichen, denn der linke Rheinarm führte wenig bis gar kein Wasser und konnte leicht zu Fuß gequert werden.

In diesem Zusammenhang ist interessant, dass Martin „sich in Begleitung eines Priesters, eines sehr tugendhaften Mannes, auf die Insel Gallinaria zurück" zog.[136]

Die Erklärung für dieses merkwürdige Verhalten ist vielleicht ganz einfach. Vermutlich war Martin auch von Gallinaria/Säckingen aus als Missionar tätig. Natürlich brauchte er dafür einen Priester, denn er selbst war kein geweihter Priester, sondern nur Exorzist. Das bedeutet, Martin konnte keine Sakramente spenden, nicht taufen, keine Eucharistie feiern.

Später unternahm er auch als Bischof Missionsreisen. So starb er 400 (397) in Candes, zwischen Tours und Angres auf einer Missionsreise mit über 80 Jahren. Seine Anhänger mussten ihn im Schutze der Nacht nach Tours schaffen, weil die Einwohner die Leiche des heiligen Mannes in ihrer Stadt behalten wollten.[137]

Für die Missionstätigkeit des hl. Martin spricht auch das häufige Vorkommen der dem hl. Martin geweihten Kirchen - zum Beispiel die alte Kirche in Obersäckingen.

Ein weiterer Hinweis auf die Insel Säckingen könnte die Aussage des gelehrten Benediktiners Peter Counstant bedeuten:
Peter Coustant, 1654-1721, ein gelehrter Benediktiner, der

Congregation des hl. Markus, hat 1693 in Paris eine, mit kritischen Anmerkungen versehene, Ausgabe der Schriften des hl. Hilarius veröffentlicht. In seinen Ausführungen führt er aus, dass es möglicherweise zwei verschiedene Inseln mit dem Namen Gallinaria gegeben hat.[138]

Dagegen die Insel im Mittelmeer. Der Legende nach unbewohnt und ungastlich, nordöstlich von Korsika war sie nur sehr schwierig mit dem Schiff zu erreichen.[139] Vielleicht hätte Martin sie noch irgendwie erreicht, aber zahlreiche Anhänger – das scheint doch ziemlich unwahrscheinlich. Hinzu kommt, dass das Seegebiet noch heute wegen seiner stürmischen Winde gefürchtet ist. Erst vor einigen Monaten (2009) wurde ein Passagierschiff in diesem Seegebiet von einer Monsterwelle schwer beschädigt.

So sprechen die Tatsachen für die Säckinger Insel als die Insel Gallinaria.

Außerdem kannte Martin die Gegend vermutlich sehr gut. Die römische Armee war zu dieser Zeit oft in Kämpfe mit den vordringenden Alemannen verstrickt. Martin diente bis 356 in der römischen Armee und seine Einheiten waren in Amiens und Worms stationiert, das heißt diese Einheiten waren sicher auch an militärischen Aktivitäten am Hochrhein über Kaiseraugst beteiligt. Sicher kannte er auch die Säckinger Insel. Wahrscheinlich hatten die Römer den Brückenschlag über den Rhein in Säckingen zu Martins Zeit längst aufgegeben.

Dafür spricht auch, dass Anfang des Jahres 361, fünf Jahre nach dem Abschieds Martins aus der römischen Armee, der römische Oberkommandierende Galliens, Julian, den Comes (Statthalter) Libino von Kaiseraugst aus über den Rhein schickte, um die Alamannen auf der rechten Rheinseite zurückzuschlagen. Bei Sanctio (Säckingen?) kam es zu einem Treffen mit den Alamannen. Die römischen Truppen wurden aufgerieben und der Comes Libino fiel.[140]

Das bedeutet, die Römer hatten wenig Überblick darüber, was sich auf der rechtsrheinischen Seite tat …

Daneben war Martinus an der Entstehung des Mönchstums

in Europa entscheidend beteiligt. Martinus folgte dem hl. Hilarius nach Poitiers. Dort zog er sich mit einigen Mitbrüdern in die Wälder an der Loire zurück und gründete die erste Mönchsgemeinschaft in Gallien nach nahöstlichem Vorbild.

Im Jahr 371 wurde der Martinus zum Bischof von Tours berufen. Da er, wie weitgehend bekannt, sich für dieses Amt ungeeignet hielt, lockte man ihn unter einem Vorwand nach Tours. Die Bürger der Stadt säumten unauffällig die Straße, die er entlang kam, um sicher zu stellen, dass er nicht in letzter Minute einen Rückzug antrat. Auch aus den umliegenden Ortschaften waren unzählige Menschen nach Tours gekommen.

Wie Sulpicius Severus berichtet, wurde vor der Wahl eine Art Wahlkampf veranstaltet. Die Veranstaltung fand in der Kirche zu Tours statt.

Eigentlich waren andere Bischöfe dazu berufen, den nächsten Bischof zu wählen. Mehrere der Herren machten Einwände gegen die Wahl Martins zum Bischof.

Dazu muss man wissen, die „Diözese" war ursprünglich ein römischer Verwaltungsbezirk und der Leiter derselben ein großer, wichtiger Herr, natürlich auch mit den üblichen Privilegien versehen. Auf so eine Position passte nach Auffassung der Bischöfe ein einfacher, asketisch lebender Mönch nun wirklich nicht ...

Man ereiferte sich. Zitat Sulpicius Severus: „Er (Martin) sei eine verachtenswerte Person, des Episkopats nicht würdig, ein Mann von verabscheuungswürdigem Aussehen, mit schmutzigem Gewand und wirrem Haar."

Die Anwesenden lachten die Herren aus und nach der Lesung eines Psalms kam es zu Tumulten. Die Gegner Martins suchten das Weite. Unter dem Beifall der Anwesenden wählte man Martin zum Bischof.

Auch als Bischof behielt er seine zurückgezogene Lebensweise bei – zur Verwunderung seiner Zeitgenossen. Zuerst lebte er in einer an die Kirche von Tours angebauten Zelle.

Später gründete er das Kloster Marmoutiers, eine halbe Stunde vor den Mauern von Tours an dem Fluss Loire. Hier lebte er mit etwa 80 Mönchen in klösterlicher Gemeinschaft.

Von hier aus besorgte er seine bischöflichen Aufgaben und von hier aus unternahm er mit seinen Mitbrüdern zahlreiche Missionsreisen.

Selbst am Kaiserhof in Trier schätzt man seinen Rat.

Martin starb 400 auf einer Missionsreise im Alter von 84 Jahren.[141]

Der heilige Hilarius von Poitiers

Hilarius war Bischof von Poitiers und wurde von der arianischen Partei auf der Synode von Bèziers und dem Vorsitz des Bischofs Saturninus als Bischof abgesetzt. Darauf wurde er von Caesar Julian nach Phrygien verbannt. Mit ihm werden auch andere Bischöfe, die sich zu den Beschlüssen des Konzils von Nicaea bekannten, verbannt. Hilarius nennt Paulinus von Trier, Eusebius von Vercelli, Lucifer von Cagliari und Dionysius von Mailand.

In Kleinasien konnte er sich frei bewegen und er nütze diese Freiheit auch, um seinen Standpunkt zu vertreten.

361 wurde Hilarius aus dem Exil entlassen, nachdem er dem Kaiser Konstantin zu unbequem geworden war. Er bezeichnete ihn als „Urheber von Zwietracht und Störenfried des Ostens."[142]

In seinem Werk über das Leben des hl. Hilarius berichtet Fortunatus, dass der hl. Hilarius auf seinem Rückweg von Kleinasien auf der Insel Gallinaria Station machte. Die aus der Vita des hl. Martin bekannte Insel sollte aber angeblich im Mittelmeer, nordöstlich von Korsika liegen. Etwas abseits, für einen reisenden Bischof, der immer mit seinem Bistum Kontakt gehalten hatte und unterwegs zurück zu seinem Bistum und zu seiner Familie war – ein weiteres Argument für die Säckinger Insel als das eigentliche Gallinaria.

Bei der Ankunft trifft Hilarius auf Gallinaria auf Unmengen von gefährlichen Schlangen. Unerschrocken geht der Mann Gottes im Namen des Herrn auf die Insel. Die Schlangen fliehen vor ihm, denn sie können seinen Anblick nicht ertragen. Hilarius steckt seinen Stock in die Erde und legt die Grenze fest, die von den Schlangen respektiert wird.

Das Vorkommen von Schlangen erscheint in der Überlieferung öfter im Zusammenhang mit Ruinen. So berichtet zum Beispiel der Autor in dem Buch Merian, Schwaben 1643, die Ruinen der von Attila zerstörten und von den fränkischen Truppen geschleiften Stadt Campodunum (Kempten) seien wegen der dort vorkommenden Schlangen Vermeta oder Vermetica genannt worden.[143]

Vielleicht ist die Schlangensage ein Hinweis auf Ruinen auf der Säckinger Insel.

Für den Hilarius gilt wie schon für den Martin, sein Weg von Mailand nach Poitiers führte an der Säckinger Insel vorbei. Es ist durchaus denkbar, dass er auf seiner Reise auf der Insel kurz Station machte, vor allem, weil auf der Insel der Martin leben sollte.

Martin seinerseits hatte auf der Insel gehört, dass Hilarius auf dem Weg zurück nach Poitiers sei und war ihm entgegen gezogen, hatte ihn aber offensichtlich verpasst.

Daneben gibt es eine weitere Heilige, die in einem gewissen Zusammenhang mit der Säckinger Insel stehen könnte. Es handelt sich dabei um die hl. Verena.

Der Sage nach stammt die hl. Verena aus Theben in Unterägypten und starb 344 oder 350 in Zurzach. Durch die Wirren der Zeit verschlug es sie nach Solothurn. Dort lebte sie in einer abgelegenen Klause, heilte Kranke und bekehrte viele Menschen zum Christentum.

Wie die Legende berichtet, ließ der Chef der römischen Verwaltung sie als Christin verhaften und in den Kerker werfen. Mög-licherweise fand dies im Rahmen der Christenverfolgung durch Kaiser Diokletian 303/305 statt.

Da erkrankte der Römer schwer und ließ Verena rufen. Verena heilte ihn, und aus Dankbarkeit ließ der Römer die Heilige frei, verwies sie aber der Gegend.

Eine zweite Version berichtet aber, dass der große Zulauf der Armen und Kranken sie dazu veranlasste heimlich die Aare flussabwärts zu reisen. Die Legende berichtet, sie sei auf einem flachen Stein den Fluss abwärts gefahren.

Anschließend soll sie auf einer „nicht großen Insel im Rhein eine von Christen erbaute Hütte als Zuhause" bezogen haben, wo sie einige Zeit ihres Lebens verbrachte. (Vita Posterior Verena). Auch dort kamen wieder Kranke und Leidende zu ihr, und ihr Ruf verbreitete sich in der ganzen Gegend.

Nach Eduard Attenhofer zog Verena dann 323 nach Zurzach (Tenedo) und starb im Jahr 344.[144]

Bei der Insel, auf der die hl. Verena gelebt haben soll, könnte es sich durchaus um die Säckinger Insel gehandelt haben. Sie war gut von der sicheren Seite, der heutigen Schweizer Seite erreichbar, so dass die Kranken und Lahmen leicht zu ihr kommen konnten. Und der Zeitraum nach der Christenverfolgung durch Diokletian 303/305 passt auch zu den angenommenen Zuständen auf dem rechtsrheinischen Gebiet.

Auch der Ausdruck „nicht große Insel" könnte ein Hinweis auf die Säckinger Insel sein. Der Autor des Berichtes „Vita Posterior Verena", wahrscheinlich ein Zurzacher Mönch, schrieb im 11. Jahrhundert. Sicher kannte er die „Vita Prior Verena" des Hatto III., Abt des Klosters Reichenau (883-913).

Hätte es sich um eine kleine Insel im Rhein gehandelt, hätte er wohl das Adjektiv „klein" benutzt und nicht den Ausdruck, „nicht große Insel" (non magna insula) gebraucht. Und im Vergleich zu der ihm sicher wohlbekannten Insel Reichenau ist die Säckinger Insel sicher eine „nicht große Insel".

In der Heiligengeschichte „Vita Prior" der hl. Verena hat der Autor Hatto III., Abt des Klosters Reichenau, im Jahre 888 auch ein Motiv der keltischen Sagen untergebracht.

So schreibt er im 11.Kapitel:

Anlässlich einer Hungersnot fanden Verena und ihre Nonnen 40 Säcke Mehl vor der Haustür. „... nachdem Verena und ihre Jungfrauen von dem Mehl gegessen hatten, wuchs ihnen immer wieder neues Mehl aus den Zähnen." [145]

Das erinnert an das keltische Motiv des „nährenden Kopfes" in den irischen Sagen. In diesen Geschichten liefert der abgeschlagene Kopf des Helden seinen Gefährten Lebensmittel in Fülle. Ein weiterer Hinweis auf die keltische Bevölkerung am Rhein. Die Alamannen waren noch nicht sehr zahlreich und ihre Sprache und Kultur hatte sich zu diesem Zeitpunkt noch nicht durchgesetzt.

Dies alles könnte erklären, warum der hl. Fridolin unbedingt auf der Säckinger Insel seine Kirche und das Zentrum seines Missionswerks gründen wollte. Er war ein ausgesprochener Verehrer des hl. Hilarius und sicher auch ein profunder Kenner dessen Schriften. Sicher kannte er auch die Lebensgeschichte des hl. Martin. Die Ge-schichte der hl.Verena kann er auf seinen Reisen erfahren haben.

Das Gericht von Rankweil

Ein wichtiges Ereignis für den hl. Fridolin war der Prozess von Rankweil, den er für sich entscheiden konnte. Das Gericht tagte auf einem flachen grünen Hügel, genannt Müsinen. Der Hügel lag zwischen zwei Gewässern, genannt „Frutz" und „Frödisch". Hier soll sich in alter Vorzeit die Thingstätte des Gaues Churrhätien befunden haben. Das Gericht wurde Anfang des 15. Jahrhunderts nach Rankweil verlegt.

Zitat der Sage: „Unter freiem Himmel auf steinernem Stuhl, den Stab in den Händen, saß der Gaugraf und sprach Recht bei sehender Sonne und scheinendem Tag. Beisitzer waren mächtige, gebietende Männer alemannischen und rhätischen Stammes, und freie Bauern der Umstand.

Das Gericht von Müsinen bei Rankweil soll der Frankenkönig Chlodwig eingesetzt haben. Dazu passt auch, dass die Stadt Ulm um 500 zur Zeit Chlodwigs zerstört worden sein soll.

Siehe auch Seite 51.

In diesem Zusammenhang ist auch die Nachricht interessant, dass Chlodwig auf Bitten seiner Frau Chrotechildis das von Attilas Truppen zerstörte Waiblingen wieder aufbauen ließ.

(siehe Seite 50)

Die Sage berichtet in diesem Zusammenhang, dass Chlodwig der Taufpate des hl. Leonhard, der ab 1144 im gesamten Alpenraum sehr populär war, gewesen sei.

Es gibt einige Fakten die für die Patenschaft Chlodwigs

sprechen.

a. Die Eltern Leonhards lebten am Hof Chlodwigs und Leonhard wurde von dem hl. Remigius, Bischof von Tours getauft.

b. Chlodwig selbst wurde ebenfalls von Remigius getauft und mit ihm viele seiner Gefolgsleute. Möglicherweise war der Vater des hl. Leonhards einer dieser Gefolgsleute und ließ sich mit seiner Familie taufen.

Chlodwig könnte um das Jahr 500 herum selbst in der Gegend gewesen sein, Ulm erobert und bei dieser Gelegenheit auch das Gericht zu Münsinen/Rankweil eingerichtet haben.
146

Vor diesem Gericht forderte Fridolin sein Recht.

Nachdem der Vorsitzende des Gerichts, Baldebrecht, Fridolin aufgefordert hatte, er möchte doch den verstorbenen Ursus als Zeugen für seine Auffassung präsentieren, soll Fridolin auf eine Anhöhe in der Nähe, Hochgastern (Gastra) genannt, gegenüber dem Frauenberge/Liebfrauenberge im Gebet auf einem roten Stein gekniet haben, der sich daraufhin verformte. An dieser Stelle hat man nach der Verlegung des Gerichts nach Rankweil die Fridolinskapelle mit dem roten Stein erbaut.

Zu den Umständen:

Die Brüder Landolph und Ursus, wahrscheinlich alemannische Fürsten, besaßen den ganzen Glarus. Ursus, beeindruckt von Fridolin, vermachte ihm und seinem Kloster Säckingen seinen Anteil am Glarus mit dem Einverständnis seines Bruders Landolph. Ursus ließ auch einen förmlichen Vertrag mit Brief und Siegel ausfertigen und vor Gericht bestätigen, damit diese Schenkungen auf ewig bestehen möchten.

Fridolin hatte in Säckingen zu diesem Zeitpunkt das Männer- und das Frauenkloster schon erbaut, es könnte gegen 522 gewesen sein, als Gela, die Tochter des Wachere in das Kloster eintrat.

Als Ursus bald darauf starb, bestritt Landolph die Schenkung und rief das weltliche Gericht, das „Gaugericht zu Müsinen" bei Rankweil, an und beanspruchte auch den Anteil seines verstorbenen Bruders als Erbe.

Bei den germanischen Stämmen fanden Gerichtsverhandlungen grundsätzlich unter freiem Himmel auf gerodeter Fläche statt. Von den streitenden Parteien, bekam die Partei recht, die mehr schwörende Zeugen aufbieten konnte.

Dieser Brauch unter freiem Himmel auf gerodeter Fläche Gericht zu halten hielt sich noch lange. So ist von den „Feme-Gerichten" überliefert, dass sie auf „roter Erd" das heißt auf gerodeter Fläche unter freiem Himmel tagten. Die Feme-Gerichte kannten nur eine Strafe – den Tod. Letzte Reste dieser „Feme-Gerichte" existierten in Dortmund und Umgebung, allerdings nur als einfache Instanzen bis ins 19. Jahrhundert.[147]

Doch zurück zu Fridolin.

Fridolin trug seine Argumente mit aller ihm zur Verfügung stehender Beredsamkeit vor. Aber das Gericht ließ sich dadurch nicht beeindrucken Schließlich bedeutete man ihm, er solle doch den Spender bei Gericht vorführen.

Den Vorsitz des Gerichts hatte Landgraf Baldeberch (auch Baldesbrecht, Baldeberto genannt). Fridolin nahm die Bedingung an und bat den Vorsitzenden des Gerichts, einen Termin für die erneute Gerichtsversammlung festzulegen.

Ursus war in einer von Fridolin erbauten Kirche bestattet worden und lag nun schon längere Zeit im Grab.

Zum Termin der erneuten Gerichtsverhandlung wanderte Fridolin nach Glarus zum Grab des Ursus, ließ das Grab öffnen und rief ihn beim Namen. Er nahm ihn bei der Hand und wanderte mit ihm sechs Meilen bis nach Rankweil.

In einer anderen Quelle wird berichtet, dass Fridolin das Grab aufbrechen ließ und die Leiche des Ursus die sechs Meilen nach Rankweil schleppte ...

Diese Version erscheint wahrscheinlicher. Wenn Ursus in einem gemauerten Grab beigesetzt worden war, war die Leiche bestimmt auch schon gehörig ausgetrocknet und damit leichter. So ist es auch denkbar, dass Fridolin, körperlich fit durch seine vielen Wanderungen, in der Lage war, die Leiche nach Rankweil zu schleppen.

Henricus Murer berichtet von einem kahlen Kopf und Gebein. Das könnte bedeuten, dass Ursos Körper schon länger in dem trockenen Grab gelegen und ziemlich ausgetrocknet war.

In Rankweil traf er auf den Vorsitzenden des Gerichts, den Landgrafen und Landolph mit einer großen Menge seiner Gegner. Sicher hatte sich die Nachricht von diesem ungewöhnlichen Verfahren herumgesprochen und eine Menge Zuschauer angelockt. Fridolin hatte also ein großes Publikum.

Die Anwesenden müssen ganz schön verdattert gewesen sein, als Ursus vor allen zu seinem Bruder sagte: (Zitat, nach Schuler.)

„Mein Bruder! Warum hast du meine Seele beraubt und die mir gehörende Besitzung an dich gerissen?"

Jener antwortete: „Liebster Bruder! Ich gebe deinen Anteil zurück, außerdem füge ich meinen eigenen Anteil für das Kloster Säckingen bei."

Henricus Murer schreibt: „... wendet sich der tode Cörpel Ursi zu seinem Bruder Landolffo / und sprach mit *heller Stimm* mein Bruder Landolffe / warum hast du mich nicht in meiner Ruhe gelassen / und hast mein Seel berauben wöllen der Gnaden / welche ich jetzt emphahe / dass ich mein Gut an das Kloster Seckingen geben habe?"

Der sehr erschrockene Landolph antwortete: „Liebe Bruder jetzt gibe / und stelle ich dir gern dir deinen theil zu / und will meinen Teil auch zu grösserer Ehre Gottes / und deß Gotteshauß Nutzen und Wollfahrt dargeben / und schenke hiemit diß Land Glarus dem Gottshauß Seckingen."

Damit hatte Fridolin das Verfahren gewonnen und führte (trug) den Verstorbenen wieder in sein Grab zurück.

In Rankweil hat man eine Inschrift betreffend den Fridolin in Stein gehauen:

(Lateinisch/deutsche Übersetzung)

„Güter zum Dienst am Herrn erhält Fridolin von den Brüdern. Aber es stirbt ein Bruder, der andere verneint die Vergabung.

Jenen erweckt Fridolin als Zeugen und führet ihn milde.

Schrecken ergreift das Volk, der Heilige erhält die Rechte."

In der Folge dieses Prozesses erließ Fridolin den Bewohnern des Glarus etliche Abgaben. Einzig der römische Kaiser sollte der Schirmherr sein. Die Bewohner des Landes Glarus waren den Bürgern von Säckingen und Laufenburg gleichgestellt.

Zu dieser Überlieferung ist folgendes zu bemerken:
Fridolin hatte die besten Schulen Irlands besucht. Diese standen sicher in der Tradition der „Filid-Schulen". In diesen Schulen, wurden auch Magie und vermutlich magische Tricks gelehrt, denn diese Schulen waren die traditionellen Schulen der Druiden, also der keltischen Priester. Eine wichtige Aufgabe der keltischen Priester, in Irland „filid" genannt, waren magische Handlungen. Nun ist es eine bekannte Tatsache, dass sich magische Vorgänge kaum willentlich kontrollieren lassen. In der keltischen Gesellschaft erwarteten die Gläubigen aber von ihren „filid", dass sie jederzeit magische Handlungen und Zeichen durchführen konnten. Daher ist es sehr wahrscheinlich, dass die „Eingeweihten" eine Menge Tricks kannten, beziehungsweise darin ausgebildet wurden.

Vielleicht war Fridolin ein begabter „Bauchredner"? Die Situation war auf jeden Fall sehr gut geeignet. Als „sprechende Puppe" diente der Leichnam und die Zuschauer waren erwartungsfroh und abergläubisch.

Dafür spricht auch die Aussage von Henricus Murer, der berichtet, dass Urso mit einer hellen Stimme gesprochen hätte. Bekanntlich sprechen viele Bauchredner mit verschiedenen Stimmen. Der Puppe wird oft eine andere Stimme unterlegt, um das Publikum abzulenken.

Und Fridolin hatte in einem solchen Fall sicher keine Skrupel. Er war im Recht und die Gegenseite im Unrecht.[148]

Joh. Stumpff, Zürich 1584 nennt Glarus – Claronam und berichtet der hl. Fridolin sei um das Jahr 500 n.Chr. in Rankweyl gewesen. Seither führt das Land Glarus den hl. Fridolin im Wappen.

Das Gericht von Rankweil fand aber nach der Inbesitznahme der Säckinger Insel durch Fridolin statt. Das bedeutet, Joh. Stumpff irrt sich in der Zeit, es muss nach 508 gewesen sein, dass der Prozess von Rankweil stattgefunden hat. Möglicherweise nach 522, denn Ursus soll die Schenkung des Glarus zu der Zeit, als Wacheres Tochter Gela in das Kloster Säckingen eintrat, getätigt haben.

Kurz darauf starb Ursus. Etwa zwei Jahre nach Ursus Tod soll der Prozess von Rankweil stattgefunden haben.

Ursus soll im Nonnenkloster in Säckingen bestattet worden sein.[149]

Das Landgericht in Rankweyl bestand noch 1645, mehr als 1.100 Jahre nach dem Prozess des hl. Fridolin. Es war als das „Frey Landgericht", oder als „Das Landgericht zu Ranckweyl in Müsinen" bekannt. Dieses Landgericht hatte 12 oder mehr Grafen und Freiherren als Schöffen und einen Beisitzer des Kaiserlichen Freien Landgerichts.

Das Gericht war für das Gebiet zuständig, das durch Setmar, Arlberg, Bodensee und Walensee begrenzt wurde.[150]

Von Fridolin sind einige Anekdoten überliefert, die ein bezeichnendes Licht auf ihn und seine Persönlichkeit werfen.

Der Mann im Bade

Fridolin hatte bei einem Besucher des (Säckinger?) Bades, der hier Linderung seiner Krankheiten suchte, um Unterstützung für den Kirchenbau gebeten. Der Kranke weigerte sich, ihm etwas zu geben. Als Fridolin das Bad verlassen hatte, war er nicht mehr in der Lage, das Bad zu verlassen. Er ließ den Heiligen wieder rufen, spendete die Hälfte seines Vermögens und schon war er frei.

Dies ist zugleich ein deutlicher Hinweis auf eine Heilquelle in Säckingen. Es könnte ein richtiges Bad gegeben haben, denn der Mann kam um seiner Gesundheit willen. Das bedeutet, dass es Einrichtungen für medizinischen Anwendungen gegeben haben muss und natürlich Gasthäuser für die Kranken mit entsprechender „Infrastruktur".

Henricus Murer schreibt: „„... als der hl. Fridolin seiner Ge-

schäfte wegen aus der Insul gienge, fand er einen reichen Mann
..." Das Zitat führt zwingend zu dem Schluss, dass das Bad sich
nicht auf der Insel befunden hat, sondern außerhalb. Es lässt
aber den Schluss zu, dass es am rechten Ufer des Rheins gelegen haben könnte, wo auch heute noch die Thermalquelle
sprudelt. In der Legende werden auch keine Angaben über die
Lage noch die Entfernung von der Insel gemacht.

Man kann davon ausgehen, dass die Thermalquelle schon
seit urdenklichen Zeiten bekannt war und die Römer, für die
das öffentliche Bad ein Teil der Lebensart war, die Quelle
bestimmt gefasst hatten, wenn auch heute keine Spuren mehr
davon erhalten sind.[151]

Fridolin verändert den Lauf des Rheins
Nach dem Tod des Königs Chlodwig I. (511) versuchten
die linksrheinischen Bewohner Fridolin wieder zu vertreiben.
Fridolin hatte die ganze Insel mit seinen Begleitern von den
Dornen gereinigt und den Wald so weit wie notwendig gelichtet. Der Autor Henricus Murer legt Wert auf die Feststellung,
dass Fridolin sich dabei nicht geschont hat, sondern mit den
Brüdern zusammen gearbeitet und seine Gefährten bei Bedarf
freundlich zu mehr Einsatz ermahnt hat.

Um diese Zeit wurden die ursprünglichen Besitzer von der
linksrheinischen Seite wieder rebellisch. Sie argumentierten,
ein fremder Mann dürfe sich nicht auf der Insel aufhalten, die
kraft Erbrecht ihnen gehörte. Da die Anfeindungen immer
mehr zunahmen, entschieden sich die Anhänger Fridolins und
die ursprünglichen Besitzer an einem bestimmten Tag auf dem
linken Rheinufer zusammenzukommen, um eine Entscheidung
auszuhandeln.

Zu der Zeit floss der Rhein noch auf der rechten Seite und
die linke Seite führte nur während der Schneeschmelze im
Frühjahr etwas Wasser.

Fridolin betete tagelang. Am Abend vor dem festgesetzten
Tag des Schiedsgericht versenkte Fridolin mit Hilfe mehrerer
Freunde und zweier Stiere an der Spitze der Insel, wo sich der
rechte Arm des Flusses von dem linken abspaltete, auf der

rechten Seite der Insel einige Tannen im Rhein.

Der Platz war so geschickt gewählt, dass das Wasser gestaut wurde und mehrheitlich auf der linken Seite abfloss.

Fridolin verbrachte die Nacht im Gebet. Am anderen Morgen konnte er feststellen, dass seine Gebete erhört worden waren und das Wasser mehrheitlich auf der vorher überwiegend trockenen, linken Seite an der Rheininsel vorbei floss.

Die Widersacher hielten es für ein Wunder und gaben nach. Sie riefen ihm über den Rheinarm zu, er möge für sie beten, damit sie nicht von der göttlichen Strafe betroffen würden. Fridolin konnte die Kirche zu Ehren des hl. Hilarius vollenden und die Klöster, zuerst das Männer- und später das Frauenkloster, gründen.

Die Gegner Fridolins betrachteten die Umleitung des Rheins als einen Eingriff des neuen Gottes und fürchteten seine Strafe. Deshalb baten sie Fridolin um Fürsprache bei Gott, damit sie nicht von ihm gestraft werden würden. Das erinnert an die irischen Kelten, deren Priester, die Druiden, auch die Funktion hatten, zwischen den Göttern in der anderen Welt und den hiesigen, den Menschen zu vermitteln.[152]

Henricus Murer schreibt davon abweichend: „... gienge er (Fridolin) zu Abend allein / und betrübt auß der Insel / und kam oberhalb zu dem Rhein; da derselbe breiter / und krümmer flosse / und stärker anstoßte / darnach nahme er etliche Tannen / senkte dieselben in das Wasser / mit hilff etlicher wenig Persohnen / und zweier Stierlein / die er darzu beruffen / da er nun daß verrichtet hette; erhebte er sein Gemüth zu Gott / und bate ihn..." (1. Abschnitt / Seite 65)

„Zu derselbigen Zeit aber hatte es mit dem Rheinstrom ein andere gestalt / dann das Wasser so von dem Shnee=Gebürg herab fiel / sich in den Thäleren zwischen den Bergen versammlete / in den Rhein flosse / und auf den anderen theil überlieffe / und warde auch eben diß Jahr gegen Galliam so groß / daß man sich ein lange Zeit der Schiffen gebrauchen müßte." (2. Abschnitt, Seite 65)

„... dann das Rhein=Wasser hatte seinen natürlichen Fluß

verändert / also dass an dem anderen Gestad der Allemannier seiten das Erdreich trucken verblieben / und jedermann mit trucknem Fuß hinüber wandeln möchte / und sihet man noch zum Wahrzeichen die Tannen in dem Rhein under den Steinen ligen / die der H. Mann zu scheydung des Wassers hinein geleget hat.

Hingegen hatte sich der Rhein mit vollem lauff auf Französische seiten gewelzet / wie er dann noch heutiges Tags fliesset." (3. Abschnitt, Seite 65)

Nachdem Bericht des Henricus Murer hat Fridolin eine gewaltige Aufgabe gelöst.

Wie er im 1. Abschnitt berichtet, hat Fridolin die Säckinger Insel verlassen und kam oberhalb der Insel an den Rhein.

Der Rhein führte zu diesem Zeitpunkt außergewöhnliches Hochwasser, es war die Zeit der Schneeschmelze, wie es im 2. Abschnitt anklingt. („Die Flut war dieses Jahr so groß, dass man in Gallien lange Zeit Schiffe gebrauchen musste.")

Von dem Rheinufer aus versenkte er mit Hilfe von zwei Stieren, die er bestellt hatte und einer größeren Zahl Helfern etliche Tannen in dem Rhein. Wie im 3. Abschnitt berichtet wird, wurden nicht nur Tannen versenkt, sondern auch mit Steinen beschwert.

Diese Unternehmung erforderte größere Vorbereitungen. Die Tannen mussten geschlagen werden, Steine mussten herange-schafft, Menschen und Stiere mussten gestellt werden. Hinzu kommt, dass, wie es im 3. Abschnitt des Berichtes berichtet wird, es sich dabei um einen Damm gehandelt hat, der den rechten Arm des Rheines trocken legte.

Murer berichtet, dass man später unter den Steinen noch die Tannen liegen sah.[153]

Vermutlich gefährdete die Überschwemmung eine Siedlung auf der alemannischen Seite und der größte Teil der Bewohner beteiligte sich an dieser Aktion unter Führung Fridolins.

Die lokale Überlieferung berichtet eine ähnliche Version:

Danach hat Fridolin mit seiner Umleitung des Rheins Säckingen vor einer großen Überschwemmung bewahrt. Mit zwei jungen Rindern zog er eine große Tanne in den Rhein und lenkte den Rhein so von der rechten auf die linke Seite.

Daher wurde der hl. Fridolin auch als Patron des Viehs verehrt. An seinem Fest, am 6. März, wurden die jungen Zugtiere zum ersten Mal angejocht, junge Kälber zum ersten Mal zum Brunnen geführt.[154]

Dass Fridolin etwas von Fließgewässern verstand, hat er auf seiner Wanderung in den Gemeinden Kappeln und Rheinau bewiesen, als er bei einem Hochwasser die Gemeinden aus großer Wassernot befreit hatte. (Siehe Seite 66, Kappeln und Rheinau)

Vermutlich werden in dieser Sage zwei verschiedene Ereignisse geschildert. Zum einen handelt es sich um die Umleitung des Rheins durch Fridolin und zum anderen, vielleicht unabhängig von dem 1. Teil der Erzählung, um die Versuche der ursprünglichen Besitzer der Rheininsel Fridolin nach dem Tod Chlodwigs wieder von der Insel zu vertreiben.

Die Sanftmut Fridolins

Fridolin war ein ausgesprochen sanftmütiger Mensch. Unter seinen Jüngern hatte er einen etwas temperamentvollen Anhänger, den er selbst aus der Taufe gehoben hatte. Dieser Jünger legte großen Wert auf die Einhaltung der Klosterregeln. Deshalb wollte er für das Nonnenkloster unbedingt ein Gefängnis für schwach gewordene Nonnen errichten und ließ sich die Idee auch nicht ausreden.

Tatsächlich fing dieser Jünger damit an, ein Gefängnis zu bauen, aber was er am Tag vollendet hatte, stürzte nachts wieder ein. Darauf nahm der Jünger Abstand von seiner Absicht und hörte auch wieder auf Fridolin.

Einmal stahlen etliche Jungen reife Äpfel von einem Baum auf der Insel. Fridolin selbst stellte sich unter den Baum und passte auf, dass den Kindern nichts passierte. Als er seinen Jünger herankommen sah, rief er ihnen zu: „Fliehet ihr Armen! Fliehet, damit jener euch nicht erreiche und unbarmherzig strafe."[155]

Fridolins seliger Tod
Fridolin starb am 06.März 538, nach der Überlieferung an einem Freitag, und wurde in der von ihm erbauten St. Hilarius-Kirche beigesetzt. Auch der französische, katholische Gelehrte und Abt des Benediktiner-Orden Augustin Calmet (1672–1757) ein unermüdlicher Exeget und Geschichtsforscher, gab das Todesjahr Fridolins mit 538 n.Chr. an. Das gleiche Sterbedatum findet sich in einem Calendarium des Klosters Einsiedeln und im neuen Propium der Diözese Poitiers.[156]

Der hl. Fridolin wurde nach seinem Tod in einem Sarg aus starkem Holz in der von ihm selbst erbauten Kirche in einem gemauerten Grab beigesetzt. Das Grab wurde mit einem schweren Stein abgedeckt.

Wie ein Fund aus jüngster Zeit nahe legt, könnte der hl. Fridolin in einem ehemals römischen, steinernen Sarkophag aus Kaiser-augst bestattet worden sein. Man hat vor einigen Jahren einen solchen bei Bauarbeiten im Münster gefunden. Der Deckel wurde offensichtlich nachträglich mit Symbolen verziert, die auf Fridolin hinweisen. Diese Symbole wirken nicht sonderlich professionell ausgeführt.

Möglicherweise gibt es hier einen Zusammenhang mit der seit 536 herrschenden Klimakatastrophe. Eine Folge davon war eine furchtbare Hungersnot. Da viele Handwerker von Baustelle zu Baustelle wanderten, standen in Säckingen möglicherweise gar keine Steinmetze zur Verfügung und ein Laie versuchte sich mehr schlecht als recht.

Im Laufe der Zeit wurde der hölzerne Sarg des hl. Fridolin zuerst unter den Altar verbracht und später in den Aufbau über demAltar versetzt.

Der Autor Henricus Murer berichtet, dass der Altar „aus sonderbarer Freyheit und altem Herkommen ... ‚zweyfach gemacht ist", so dass der Priester vorn und hinten, das heißt mit dem Gesicht oder mit dem Rücken zu den Gläubigen die Heilige Messe feiern konnte.[157]

Das war sehr ungewöhnlich, denn bis zum 2.vatikanischen Konzil feierte der Priester in der katholischen Kirche die Heilige Messe immer mit dem Rücken zu den Gläubigen.

Durch Fridolins apostolische Tätigkeit, die Missionstätigkeit seiner Mitbrüder und des Frauenklosters wurde überall in der Umgebung das Christentum verbreitet.

Fridolin gründete in Säckingen ein Mönchs- und ein Nonnenkloster, sowie eine Mädchen- und eine Jungenschule. Die Äbtissin des Frauenklosters war die Vorsteherin der gesamten Fridolinsstiftung. Sie übte die geistliche und weltliche Jurisdiktion über ihre Frauen, wie auch über die Geistlichen, die den Gottesdienst besorgten und die umfangreichen Besitzungen des Stifts aus. Diese in der Geschichte der katholischen Kirche einmalige Stellung einer Frau führt die Tradition auf eine persönliche Anordnung Fridolins zurück.

Der hl. Petrus Canisius (1521-1597) berichtet, dass Fridolin angeordnet hatte: „... auch ferner, das an demselbigen Orth eine Äbtissin für und für regieren sollte, in Ansehung das der ersten Äbtissin Vatter Wacherus als ein großer Patron und Beförderer dieses Gotteshus seine umbliegenden Landgütter, miltiglich darzu schenkte und verließe." (Zitat Petrus Canisius, SJ Heiliger und Kirchenlehrer ab 1925).[158]

Gemäß verschiedener alter Urkunden musste die Äbtissin von Säckingen alle vier Jahre in den Glarus reisen und 12 Personen aus den Landtleuten erwählen, die das Land in ihrem und der Landtleute Namen regieren und richten mussten.

War sie wegen Alter oder Krankheit verhindert, musste sie ihr Gebrechen beweisen und ihre Entscheidung den Glarnern kund tun. Geschah dies nicht, waren die Glarner in der Zeit ohne Entscheidung aller Abgaben ledig. „Der römische Kaiser war ihr einziger Schutzherr."

Laut Joh. Stumpff änderte sich für die Bewohner des Glarus auch nach dem Beitritt des Glarus zur Eidgenossenschaft 1352 nichts. Sie fühlten sich weiterhin als „freie Gotteshausleut" und hielten dem Kloster Säckingen die Treue. Als Referenz an die neuen Zeiten wählte man lediglich einen „Landtamman" und einen „Radt" aus „Landtleuten".

Die Landtleute sind die Mitglieder der Landsgemeinde, der

Versammlung der stimmberechtigten Bürger. Die Landsgemeinde versammelt sich einmal jährlich im Freien, entscheidet über Gesetze, ernennt den Landamman, den Regierungspräsidenten und den Landesstatthalter, den Vertreter des Regierungspräsidenten. Der Landrat (das Parlament) hat nur vorbereitende Funktion.

Heute ist der Kanton Glarus einer der letzten Kantone in der Schweiz, der noch durch eine kantonale Landsgemeinde regiert wird.

1595 kauften sich die Bewohner von Glarus aus allen Rechten und Pflichten, Abgaben und Diensten, bis auf eine jährliche Gabe von 16 Gulden Zürich-Währung und das Pfarrlehen von Glariss an das Kloster Säckingen, frei.

Selbst zur Zeit des alten Zürichkrieges, als die Eidgenossen auf Seiten der Basler dienten, weigerten sich die Glarner Soldaten Säckingen zu belagern. Das Kloster sei ihre alte treue Herrschaft gewesen und sei noch immer die Ruhe und das Begräbnis des hl. Fridolin, ihres alten Landesherrn.

Auch die Reliquien des hl. Fridolin waren schon früh im Glarus vorhanden. Aus dem Jahre 1460 wird berichtet, dass während eines furchtbaren Hochwassers die Bewohner mit Kreuz, Fahnen und dem Reliquienschrein des hl. Fridolin eine Prozession veranstalteten und das Wasser daraufhin schnell absank.

Im Glarus fand auch jedes Jahr im April ein St. Fridolins-Gottesdienst statt. Der Anlass war das Gedenken an eine Schlacht bei der 350 Kämpfer aus dem Glarus 15.000 Feinde in die Flucht schlugen. Dabei handelt es sich um die Schlacht bei Näfels, bei der am 09.November 1388 die Glarner, unterstützt von einigen Urnern und Schwyzern, ein übermächtiges Heer der Habsburger schlugen. Während dieser Schlacht waren der hl. Fridolin und der hl.Hilarius als Schutzheilige angerufen worden.

Im Gedenken an diese Schlacht veranstaltet man seit 1389 jeweils am 1.Sonntag im April die so genannte „Näfelser Fahrt". [159]

Darstellungen des heiligen Fridolin
Die Darstellungen des hl. Fridolin sind oft unzutreffend. Der hl. Fridolin war bei der Ankunft in Säckingen mehr als 40 Jahre alt. Er trug die „johannensische Tonsur", auch die „große irische Tonsur" genannt. Dabei wurde der Vorderschädel quer über den Kopf rasiert und der Rest der Haare lang getragen.

Gekleidet war er mit einem langen, hellen, (weißen) Unterkleid, darüber ein Oberkleid von dunkler Farbe (wenn schwarz, dann mit anderen Farben gemischt) mit einer weiten Kapuze, von solchem Schnitt, dass man das Unterkleid sehen konnte. An den Füßen trug er Sandalen.

Zusätzlich trägt er auf manchen Darstellungen die Abtskette um den Hals, in der linken Hand hält er den Abtsstab mit zum Heiligen hin gewendeter Krümmung oder den Kreuzstab als Zeichen seiner apostolischen Wanderungen. Als Beigaben hält er in der rechten Hand die verschiedensten Gegenstände, um sich von anderen Heiligen zu unterscheiden, wie das Testament des Urso, ein Modell des alten, gothischen Münsters von Säckingen, das Relquienkäst-chen oder ein aufgeschlagenes Buch (Evangelium). Mitunter steht das Münster auch zu seinen Füßen, wie auch das Grab des auferstandenen Urso.

Auf Bildern werden alle mögliche Ereignisse aus dem Leben Fridolins dargestellt.

Auch wird der hl. Fridolin als Schutzpatron der Optiker verehrt, da er im Alter eine Brille getragen haben soll.[160]

4. Kapitel

Wunder bei seinem Grab, Reliquien des hl. Fridolin und deren Verbleib, Christen in Irland / die keltische Kirche

Von dem hl. Fridolin sind nur wenige Wunder überliefert, obwohl es wahrscheinlich ist, dass sich im Laufe der Jahrhunderte viele Wunder ereignet haben. Viele Berichte sind wohl auch im Rahmen der Säkularisation der blinden Vernichtungswut zum Opfer gefallen, als man damals die Bücher in Massen an die Papiermühlen verkauft hat. Unzählige Chroniken und Berichte aus alten Zeiten gingen verloren. Der Verlust lässt sich nicht abschätzen.

Die erste Wundergeschichte ist weniger ein Bericht über ein Wunder, als eine Art Reportage, die einen Blick auf die politische Bedeutung Säckingens im frühen Mittelalter freigibt.

Weitere Geschichten haben politische Ereignisse und das Eingreifen des hl. Fridolin zum Inhalt, so die Ereignisse um seine Gebeine in den folgenden Jahrhunderten und die Brandkatastrophe von 1272.

Feuer in Säckingen
Bertha, eine Tochter König Ludwigs II. genannt der Deutsche, war Äbtissin des Klosters Säckingen. Als sich ihr Vater einmal in Säckingen aufhielt, brach in dem königlichen Palast (Pfalz) ein Feuer aus und es drohte auf die Kirche überzugreifen. Da lief Bertha in die Kirche und warf sich auf das Grab des hl. Fridolin in der Absicht den Platz nicht zu verlassen, selbst wenn sie dabei ums Leben kommen sollte.

Als die Kirche schon in vollen Flammen stand und alle Anwesenden Abstand von dem Brand nehmen mussten, schien es ihnen, dass der Hl. Fridolin im Priestergewand erschiene und das Feuer von der Kirche abwendete. Tatsächlich konnten später keine Brandschäden an der Kirche festgestellt werden.

König Ludwig II, genannt der Deutsche, war der Sohn Ludwigs des Frommen und damit ein Enkel Karls des Großen. Er herrschte von 843 bis 876. Das bedeutet der Brand des königlichen Palastes in Säckingen ereignete sich zwischen 843 und 876. Säckingen war damals wohl mehr als eine einfache Kaiserpfalz, denn man hatte hier einen königlichen Palast errichtet. Dieser Palast muss sich in der Nähe der St.Fridolins-Kirche befunden haben, denn bei dem Brand des Palastes bestand die große Gefahr, dass diese auch Feuer fangen könnte.

Die fränkischen Könige kannten keine Hauptstadt, sondern zogen mit ihrem Hofstaat von einer Pfalz zur anderen. Hier wurden Dokumente ausgefertigt, Diplomatie betrieben und Recht gesprochen, kurz, hier wurde regiert. Waren die Vorräte in der Pfalz aufgebraucht, zog der Hofstaat weiter. In der Zeit der Abwesenheit des Hofstaates wurden die Abgaben, die für den König abzuführen waren, gesammelt und verwaltet.

Säckingen spielte damals in der Politik als Kaiserpfalz eine wichtige Rolle. In die Zuständigkeit der Säckinger Verwaltung fiel der von den Alemannen dominierte Teil der heutigen Schweiz mit den Alpenpässen nach Italien. Heute große Städte wie Zürich entstanden durch Gründung von Säckingen her.

Ein Beispiel mag dies verdeutlichen:

Es gibt in Säckingen eine Überlieferung, wohl mehr ein Raunen, das durch die Jahrhunderte klingt, danach soll Kaiser Friedrich I. genannt „Barbarossa" während seines Aufenthalts in Säckingen die Stadturkunde von Hamburg unterschrieben haben...

Gut, die im Moment in Hamburg vorhandene Urkunde ist eine Fälschung aus späteren Zeiten. Aber es ist durchaus denkbar, dass einmal ein Original in Hamburg vorhanden war, das in den Wirren der Zeitläufe abhanden gekommen ist und durch eine Fälschung ersetzt wurde.

Das hält die Hamburger aber nicht davon ab, jedes Jahr an dem in dem Dokument angegebenen Datum den Hafengeburtstag zu feiern.

Der heilige Fridolin zeigt seinen Willen
Bei einem Überfall der Heiden rettete ein Höriger, ein Leibeigener des Klosters Säckingen, Menlio mit Namen, den Sarg mit den Reliquien des hl. Fridolin. Er meinte: „Ich will nicht länger leben, wenn ich die Heiden meinen Herrn verbrennen sehe."

Der Sarg erschien ihm leicht, er spürte das Gewicht überhaupt nicht. Als er bei den Säckinger Truppen angekommen war, versuchten etliche Priester und Adlige den Sarg mit dem Heiligen in eine feste Burg in Sicherheit zu bringen. Da war der Sarg plötzlich so schwer, dass sie ihn nicht einen Schritt weit tragen konnten. Nach einigen Versuchen übernahmen einige Nonnen und Geistliche den Sarg und sie trugen ihn ohne Mühe weg.

Die Heiden wurden unter Führung des Landmanns Hermiger zurückgeschlagen.

Ähnliches passierte in späteren Zeiten bei feindlichen Überfällen häufiger. Der Sarg war federleicht oder tonnenschwer und konnte nicht bewegt werden. Die Menschen hielten diese Erscheinung für eine Willensäußerung des hl. Fridolin.

Der heilige Fridolin schützte die Säckinger Truppen bei kriegerischen Auseinandersetzungen
Die Säckinger haben nach den alten Annalen oft den Schutz durch die Fürsprache des hl. Fridolin genossen. So geschah es auch im Jahre 1415, als die Truppen der Stadt Basel Säckingen drei Wochen lang belagerten und an Stadtmauer und Häusern starken Schaden anrichteten. Bald darauf kamen sie mit Verstärkungen zurück und mussten trotzdem erfolglos wieder abziehen.

Auch berichtet die Überlieferung, dass die Säckinger immer, wenn sie unter dem entfalteten Fridolinsbanner in den Kampf zogen, den Sieg davon trugen, ohne dass sie Gefallene oder Verletzte zu beklagen hatten.

Die Brandkatastrophe von 1272 in Säckingen

Im Jahre 1272 ereignete sich in Säckingen eine Brandkatastrophe. Ein Dominikaner aus Colmar berichtet: (Zitat) „Im Jahre 1272 den 17. August brach in einem Hause Feuer aus, das die ganze Stadt verzehrte bis auf die Pfarrkirche des hl. Petrus und einige nahe dabei stehende Häuser."

Die ganze Stadt einschließlich des Klosters des hl. Fridolin und das Münster brannte völlig nieder.

Nach der zeitgenössischen Überlieferung hatten die Säckinger das Unheil mit ihrem zügellosen Lebenswandel und ihrem schlechten Benehmen gegenüber den Nachbarn auf der rechten Rheinseite selbst heraufbeschworen. Sie hatten anscheinend die steinerne Rheinbrücke, die auf das rechte Rheinufer führte, teilweise abgebrochen. Der hl. Fridolin soll schon zwei Jahre vorher durch wiederholtes Klopfen an seinem Sarg auf die Gefahr aufmerksam gemacht und zur Umkehr aufgerufen haben.

Nach dem großen Feuer kam die amtierende Äbtissin aus dem gräflichen Geschlecht der „von Pfirt" nach Säckingen zurück und fand in den Ruinen des verbrannten Münsters den Sarg des hl. Fridolin, leicht angebrannt, aber die Gebeine darin unversehrt.

Die Säckinger trauten sich nicht, die Gebeine des hl. Fridolin den Predigermönchen oder der Stadt Basel anzuvertrauen, denn der Bischof von Basel lag mit ihrem Schutzherrn, dem Grafen Rudolf von Habsburg, in Fehde (Krieg) und war den Säckingern feindlich gesinnt. Er ließ sogar die Steine der verbrannten Ruinen von Säckingen nach Basel bringen, wo sie zum Hausbau und zum Bau von Befestigungsanlagen verwendet wurden.

Die Säckinger übergaben also den Sarg mit den Gebeinen des hl. Fridolin dem Grafen Rudolf von Habsburg, der ihn in seiner Burg aufstellen ließ. Rudolf von Habsburg wurde im darauf folgenden Jahr zum deutschen König gewählt.

Nach einiger Zeit war das Klopfen in dem Sarg des hl. Fridolin wieder zu hören. Die Säckinger brachten den Sarg also nach Laufenburg, wohin sich die Äbtissin mit ihren Damen begeben hatte. Allein das Klopfen hörte nicht auf. Man erklärte sich das Klopfen als Willensäußerung des hl. Fridolin, zurück nach Säckingen gebracht zu werden. Daraufhin bauten die Säckinger Münster und Kloster notdürftig wieder auf und brachten den Sarg zurück in die Kirche.

Später (1357) kam Herzog Rudolf IV. von Österreich (Habsburger) nach Säckingen, um dem hl. Fridolin seine Aufwartung zu machen. Er ließ den Sarg öffnen und legte ein Dokument über den Zustand der Gebeine in den Sarg. Er erhielt einige Reliquien, von denen in späteren Zeiten etliche nach St. Blasien und Bettmaringen verschenkt wurden. Man umschloss den alten Sarg mit einem Kasten aus Eisen und deponierte ihn auf dem alten Platz über dem Altar.

Im Jahre 1637 wollte der Konvent des Stiftes die Gebeine des hl. Fridolin in eine kleine Lade betten, um sie im Notfall schneller in Sicherheit bringen zu können, denn der General Bernhard von Weimar von der protestantischen Partei kämpfte zu dieser Zeit in der Gegend des Hochrheins in der Nähe von Rheinfelden gegen Truppen der katholischen Partei – es war die Zeit des 30-jährigen Krieges.

Der Chorherr Franz Carl Brandenberg und der Senior des Chorherrenstifts nahmen den Sarg aus seinem Platz in der Mitte des Altars, setzten ihn auf dem Altartisch ab. Der Sarg erschien ihnen verblüffend leicht. Beim Herablassen des Sarges vom Altartisch lösten sich die Eisenteile, vermutlich waren sie in den letzten 300 Jahren stark verrostet, und der Sarg fiel zu Boden.

Ein Zitat aus der Zeit: „Sie fanden den heiligen Leib doppelt umhüllt, oben war eine prachtvolle, mit Gold durchwirkte purpurne Decke, aber mit einigen Brandflecken, weil aber der obere Theil des Sarges fast ganz verkohlt war, darunter war ein Tuch aus Leinwand. Bei den Reliquien lag ein handbreiter Zettel, worauf der genannte Herzog den Hergang der oben erwähnten Untersuchung beurkundete, zugleich, dass der Sarg des Heiligen seit 900 Jahren niemals ward eröffnet worden bis damals, und dass dann der Sarg in seinem angebrannten Zustande mit Eisenwerk umgeben und so der Nachwelt zum Beweise seiner wunderbare Erhaltung überliefert wurde."

Von jener Zeit ab blieb der Sarg durch die folgenden dreihundert Jahre ebenfalls verschlossen bis zum Schwedenkrieg im Jahre 1637.

Die letzte Fürstäbtissin Anna Maria von Hornstein-Göff-ingen gab 1764 den Reliquienschrein aus Silber in Augsburg in Auftrag, in dem die Reliquien des hl. Fridolin heute noch ruhen.

Die folgenden überlieferten Geschichten berichten von überraschenden Heilungen, Wundern, die sich auf die Anrufung des hl. Fridolin ereignet haben sollen.[161]

Der Gichtkranke
Ein Mann litt seit Kindheit an Gicht. Hände und Füße versagten ihren Dienst, die Zunge konnte er nicht bewegen und sein Leib war wie leblos. Während der Heiligen Messe an einem 6. März, dem St. Fridolins-Fest, legten die Eltern den Kranken in der Kirche auf das Grab des St. Fridolin und der Kranke wurde schlagartig gesund.

Henricus Murer schreibt davon abweichend, dass den Mann nicht seine Eltern sondern seine Freunde in die Kirche getragen und auf das Grab des hl. Fridolin gelegt hätten.

Dieses und ähnliche Wunder müssen sich in den Jahrhunderten vor 1357, wahrscheinlich aber vor 1272 ereignet haben, denn es ist überliefert, dass der Sarg Fridolins 1357 nach der Untersuchung durch den Herzog Rudolf IV von Habsburg auf seinen angestammten Platz über dem Altar zurück gebracht worden war. Möglicherweise wurde er nach dem großen Brand 1272 in der neu erbauten Kirche über dem Altar deponiert.

Der Gichtkranke wurde nach der Sage auf das Grab des hl. Fridolin gelegt. Das bedeutet die Gebeine des hl. Fridolin befanden sich damals noch im ursprünglichen Grab.

Ähnliches gilt für die Sage mit dem Titel: *„Der heilige Fridolin zeigt seinen Willen"*.

Das schwächliche Kind
Ein Sohn des angesehenen Mannes namens Jacob Wyß aus Bremgarten im Kanton Aargau und seiner Frau Margaretha Zieggin (Ziegg) war so schwächlich, dass er mit 11 Jahren weder stehen noch laufen konnte. Die Eltern brachten ihn nach Säckingen zu dem Grab des hl. Fridolin. Sie beteten inbrünstig und der Junge erholte sich schlagartig.

Auf der Hinreise musste der Junge auf das Pferd gebunden werden, aber den Rückweg konnte er selbst zu Fuß zurücklegen.

Ein gelähmtes Kind
Ein ähnliches Wunder ereignete sich 1572, als der Sohn der Engelwirthin Salomea Hofmann in Baden schwer erkrankt war. Der 10-jährige Junge konnte seit zwei Monaten nicht laufen und musste herumgetragen werden. Die Mutter brachte ihn nach Säckingen zu dem Grab des hl. Fridolin und der Priester dort berührte ihn auf Drängen der Mutter mit dem Messgewand, dem Stab und dem Messer des hl. Fridolin, las eine Heilige Messe und betete über dem kranken Jungen unter Anrufung des Heiligen.

Da stand der Junge auf und wollte allein nach der Herberge zurück gehen. Zum Erstaunen der Umstehenden kam er dort völlig gesund an.[162]

Die Reliquien des heiligen Fridolin und ihr Verbleib
Von den Reliquien des hl. Hilarius, die Fridolin von Poitiers mitgebracht hatte, ist noch ein Finger des hl. Hilarius vorhanden.

Die Gebeine des hl. Fridolin befinden sich fast alle in Säckingen. Nur ein kleiner Teil wurde als Reliquien in den Kanton Glarus, nach Wien, St. Blasien, Bettmaringen und andere Orte gebracht.

Die Reliquien des hl. Fridolin werden an folgenden Orten aufbewahrt

1. Säckingen, im Münster
Der größte Teil der Gebeine ruht in dem silbernen Reliqui-

enschrein im Münster zu Säckingen.

2. Wien im Stephansdom

In Wien im Stephansdom werden etliche Reliquien des hl. Fridolin seit 13./20. Januar 1358 verehrt. Der 13.01. war der Tag der Schenkung und am 20.01.1358 wurden die Reliquien übergeben.

3. St. Blasien

In St. Blasien verehrt man seit 1780 eine Armspindel und etliche Kleinteile aus dem Skelett des hl. Fridolin. Die Reliquien gelangten als Geschenk aus Wien nach St. Blasien.

4. Bettmaringen

Am 6. März 1780 erhielt die Gemeinde Bettmaringen einige kleine Partikel aus dem Reliquienschatz des hl. Fridolin in St. Blasien.

5. Näfels, Kanton Glarus

Eine Rippe des Hl. Fridolin befindet sich in Näfels, im Kanton Glarus in Privatbesitz (1884). Die Rippe war Teil der Reliquien, die am 20. Januar 1358 von Säckingen nach Wien gebracht wurden. Diese Reliquie erhielt am 30. März 1756 Josef von Tschudi, Feldmarschall des Schweizer Regiments des Königs von Neapel und beider Sizilien aus der Hand des Domherrn Josef Anton von Hack.

6. Kloster Engelberg (Schweiz)

Kloster Engelberg erhielt 1644 von der Gemahlin des Markus Jacob von Schönau eine schwarze Kapsel mit Reliquien, darunter auch Reliquien des hl. Fridolin. Das Geschlecht derer von Schönau war ein Adelsgeschlecht, das in Säckingen und Umgebung zeitweilig eine wichtige Rolle spielte.

7. Schännis, Kanton St.Gallen.

1886 erhielt die Äbtissin Eva Schenk von Castell zu Schännis eine Reliquie des hl. Fridolin aus dem Rückgrat. In der Folge gelangte die Reliquie in den Besitz der Familie Gmür. Ab 1890 war der Pfarrer A. Fraefel in Schannis der Besitzer der Reliquie.

8. S. Cloud in Dakota (USA).

Pfarrer Fraefel schickte einen Teil der Reliquie auf dessen Bitten an Bischof Otto Zardetti in S. Cloud.

9. Oberurnen.

Einen weiteren Teil der Reliquie des hl. Fridolin schenkte Pfarrer Fraefel der Gemeinde Oberurnen für die Pfarrkirche. In der Nähe von Oberurnen liegt ein Berg mit dem Namen „Fridlispitze", vielleicht ein Hinweis auf die Anwesenheit des hl. Fridolin im Tal von Glarus.

10. Basel.

Im Jahre 1357 wurden Reliquien des hl. Fridolin von Säckingen nach Basel gesandt. Außer den Reliquien des hl. Fridolin besaßen die Basler noch die Häupter des hl. Pantalus, des Märtyrers und ersten Bischofs in Basel und der hl. Ursula. Diese Reliquien wurden zusammen mit 64 anderen auf und in die Altäre von Maria Stein verbracht.

11. Glarus.

Auch in der Pfarrkirche von Glarus wurde ein goldenes Kästchen und eine silberne Statue des hl. Fridolin, die eine Reliquie des hl. Fridolin umschloss, aufbewahrt. Alles dies fiel dem großen Brand von 1861 zum Opfer.

12. St. Gallen, Einsiedeln, Luzern und Poitiers

St. Gallen, Einsiedeln, Luzern (Stiftskirche) und Poitiers (St. Hilaire-le-Grand) hatten ebenfalls Reliquien des hl. Fridolin. Die Reliquien von Poitiers wurden von den Hugenotten verbrannt.[163]

13. Rankweil

An der Pfarrkirche von Rankweil ist an der Nordseite die offene, schmucklose Fridolinskapelle angebaut. Darin liegt ein großer rötlicher Quarzbrocken mit zwei Vertiefungen. Die Legende berichtet, diese Vertiefungen seien entstanden, als der hl. Fridolin auf dem Felsen gekniet habe.

Christen in Irland/die keltische Kirche

Die keltische Kirche, besser bekannt als die „iro-schottische Kirche", bezeichnet eine sehr früh entstandene Ausprägung des Christentums. Das keltische Christentum hat große Gemeinsamkeiten mit der Kirche vor dem Konzil in Nicäa. Es stand immer in enger Verbindung mit der östlichen Kirche. Vermutlich ist hier die Ursache dafür zu suchen dass in Irland der

Arianismus und auch der Donatismus keine Rolle spielten.[164]

Es gibt Quellen, die behaupten, dass das Christentum lange vor der Zeit des hl.Patrick in Irland verbreitet war, und es gibt gewichtige Argumente, die dafür sprechen.

Zum einen die Überlieferung:

In der Sage von Tuan mac Cairell, der die Geschichte Irlands in seinen verschiedenen Metamorphosen erlebt hatte, stellt dieser in seiner letzten Wiedergeburt als Mensch, als Druide mit Namen „Tuan mac Cairell", fest, dass er schon seit langem Christ sei. „Ich ließ mich taufen, doch habe ich schon vorher und ganz allein aus mir an den König der Elemente geglaubt."[165]

Diese Bemerkung kann man als Hinweis auf die frühe Verbreitung des Christentums in Irland verstehen, lange bevor der hl. Patrick missionierte.

Zum anderen die historisch verbrieften Tatsachen:

a. Pelagianismus

Der erste konkrete Hinweis auf die Existenz des Christentums in Irland ist die Erklärung von Papst Zosimus 417/418, der die Pelagianer als Ketzer bezeichnete. Daraufhin ließ sie der weströmische Kaiser ächten.

Der irische Laienmönch Pelagius (gest. nach 418) behauptete die natürliche Fähigkeit des Menschen zum Guten. Er vertrat die Ansicht, dass der Einzelne durch eigene Anstrengung, ohne göttliche Gnade das Paradies erreichen könnte.

Er leugnete:
- die Erbsünde,
- die Notwendigkeit der Taufe,
- die Notwendigkeit der göttlichen Gnade für die Erlangung des ewigen Lebens und der Erfüllung der göttlichen Gebote, beziehungsweise der Führung eines christlichen Lebens.

Gegen diese Auffassung stellten sich die Kirchenlehrer Augustinus und Hironymus. Das Konzil von Ephesus verwarf 431 n. Chr die Lehre des Pelagianismus als Irrlehre.[166]

b. Entsendung eines römischen Bischofs nach Irland

Papst Coelestin I. in Rom schickte 431 n. Chr. den gallischen Bischof Germanus von Auxerre auf die britischen Inseln und seinen Vertrauten Palladius als ersten Bischof nach Irland um gegen die verbreitete Irrlehre des Pelagianismus vorzugehen.[167]

Vermutlich war sein Wirkungsbereich das Königreich von Mide mit der Hauptstadt Tara und das Königreich Leinster. Das bedeutet, dass es zu diesem Zeitpunkt viele Christen in Irland in den Gebieten von Mide mit der Hauptstadt Tara und Leinster gegeben haben muss, denn ein Bischof führte nach römischem Verständnis ein ganzes Bistum mit vielen Priestern und Gläubigen.

Der irische König Lóegaire mac Néill, der Sohn von Niall Noigallach dem Gründer der irischen Königsdynastie, unterstützte das römische Christentum in Irland. Möglicherweise gibt es einen Zusammenhang mit der Sendung des Bischofs Palladius durch Papst Coelestin I. nach Tara im Jahre 431. Das könnte bedeuten, dass dieser seine Herrschaft nicht nach 431 angetreten hat, beziehungsweise sein Vater, König Niall Noigallach seine Herrschaft nicht nach 404 angetreten, denn er herrschte 27 Jahre.

Die Herkunft des irischen Christentums

Im 2. Jahrhundert hatte das Christentum in Gallien schon zahlreiche Anhänger gewonnen. Es gab damals eine Reihe von direkten Handelsverbindungen zwischen Irland und dem westlichen Gallien, durch die sich die Lehre des Christentums in Irland verbreitet haben könnte. Diese Möglichkeit ist aber eher unwahrscheinlich, denn das Christentum in Gallien war auf Rom ausgerichtet, im Gegensatz zur keltischen Kirche. Das Christentum könnte über Spanien nach Irland gelangt sein.

Wesenszüge des keltischen Christentums, die in der römischen Kirche und in der orthodoxen Kirche nicht so ausgeprägt waren, sind:
- Das keltische Christentum war keine organisierte, einheitliche Kirche. Es kannte keine Hierarchie von Patriarchen und Metropoliten und es gab in der keltischen Kirche auch keine Bistümer, sondern nur einfachste Klöster in dichten Wäldern. Dort lebten die Mönche zu Beginn mit ihren Frauen und Kindern in

geistlichen Großfamilien.
- Der Schwerpunkt der keltischen Kirche lag im Mönchswesen, die geistliche Autorität lag bei den Äbten der Klöster. Die keltischen Klöster legten großen Wert auf das Studium der Bibel. Irland bekam den Ruf der „Insel der Heiligen und Gelehrten".[168]
- Das keltische Christentum hatte einen eigenen Stil der Tonsur. Die keltischen Mönche trugen die so genannte „Johannensische Tonsur", auch „transverse Tonsur" genannt, bei der die vordere Hälfte des Kopfes von Ohr zu Ohr geschoren und das Nackenhaar lang getragen wurde – vielleicht nach dem Vorbild der Druiden.[169]
- Bischöfe hatten keine Diözesen, es konnte an einem Ort mehrere Bischöfe geben, und die Bischofsweihe wurde von einem Bischof vollzogen und nicht von drei Bischöfen, wie bei den Katholiken und Orthodoxen üblich.
- Die Mission unter den Heiden in Irland war vor St. Patrick nicht üblich, wie ein Satz aus dem „Confessio" des St. Patrick nahe legt. Er wies darauf hin, dass er mit der Missionierung der heidnischen Iren etwas sehr Ungewöhnliches unternehme.[170]
- Die keltische Kirche berechnete den Termin für Ostern nach der vor dem ersten Konzil in Nicäa üblichen Methode.
- Die Taufe wurde vermutlich durch Untertauchen und ohne Salbung, aber mit nachträglicher Fußwaschung vollzogen.
- Das keltische Kreuz, bei dem ein symmetrisches Kreuz von einem Kreis überlagert wird, ist bis heute in den keltischen Ländern verbreitet.
- Kirchen und Klöster wurden nicht nach verstorbenen Heiligen sondern nach lebenden Stiftern benannt.
- Die ersten römischen Missionare stießen später auf viele getaufte Christen, die aber mehr der östlichen Art des Christentums näher standen.
- Priester mussten Steuern zahlen, Militärdienst leisten und waren der weltlichen Justiz unterworfen. Die keltische Kirche wurde durch freiwillige Spenden unterhalten.[171]
Diese Unterschiede erinnern an die Urkirche, an die erste christliche Gemeinschaft in Jerusalem und machen es wahr-

scheinlich, dass die keltische Kirche ohne Mitwirkung Roms entstanden ist. Die altertümliche Verfassung der keltischen Kirche deutet darauf hin, dass ihr Ursprung sehr weit zurück liegt. Dies ist ein Hinweis darauf, dass die keltische Kirche zeitgleich oder kurz nach der Missionsreise des hl. Jakobus in Spanien entstanden sein könnte, denn zu seinen Zeiten gab es noch keine Bischöfe und keine Hierarchie in der Urkirche. Auch hatten sich die etwas patriarchalischen Auffassungen des Apostels Paulus in der Kirche noch nicht durchgesetzt.

Nach der Überlieferung missionierte der Apostel Jakobus d. Ältere, der Bruder des Evangelisten Johannes, auf einer seiner Missionsreisen in Spanien. Daher ist es vielleicht von Interesse auf den Apostel Jakobus etwas näher einzugehen.

Jakobus war unter den Aposteln sehr angesehen. Er hatte gute Beziehungen zu den Vertretern der „Judenchristen", den getauften Juden, die der Apostel Petrus unterstützte und zum Apostel Paulus, der den „Heidenchristen", den getauften Heiden nahe stand. Von beiden Gruppen wurde er anerkannt. Man nannte ihn den „Gerechten" und hat ihn deshalb wohl 44 zum Vorsteher der christlichen Gemeinde in Jerusalem gewählt.

Jakobus war der einzige Christ, der das Heiligtum des jüdischen Tempels betreten durfte, dennoch hatte er unter den ultrakonservativen Juden gefährliche Gegner. Der Hohepriester Ananos II. ließ ihn 62 unter dem Vorwand, er hätte jüdische Gesetze übertreten, erschlagen oder steinigen. Seine Gebeine sollen später nach Compostela in Nordwest-Spanien gebracht worden sein.

Später wurde Karl der Große nach zeitgenössischen Berichten durch einen Bauern auf die Ruinen bei Compostela aufmerksam gemacht. Er ließ graben, und man stieß auf das Grab des Apostels Jakobus – spanisch ‚Santiago'.

Der irischen Überlieferung nach kamen die letzten Einwanderer, die Milesier, aus Spanien und waren die Träger der keltischen Kultur. Bekanntlich war es ein Kennzeichen der Kelten, dass die Verbindungen der keltischen Völker untereinander auch über weite Strecken aufrecht erhalten wurden, wie das Beispiel der Druiden zeigt, die sich einmal im Jahr an einem

Ort trafen. Diese Eigenheit der keltischen Kultur legt den Schluss nahe, dass das Christentum von Spanien nach Irland gekommen ist, vor allem auch vor der Tatsache, dass in Nordwest-Spanien und in Irland die gleiche Sprache, Goidelisch, eine (q-Sprache) gesprochen wurde.

Ein aufschlussreiches Zitat mag dies erhärten.

Auf dem Konzil zu Whitby in Northumbria an der Ostküste Englands versuchten 663 n. Chr Vertreter der keltischen (iroschottischen) Kirche und Vertreter der römisch-katholischen Kirche, sich stellvertretend für alle Differenzen auf einen gemeinsamen Termin für das Osterfest zu einigen.

Colman, der Vertreter der keltischen Kirche, Abt des Klosters Lindisfarne, eines der wichtigsten Klöster der keltischen Kirche, erklärte dazu: „Es ist das Ostern des Evangelisten Johannes, des Lieblingsjüngers unseres Herrn, gültig in allen Kirchen, denen er vorstand."[172]

Das Zitat bedeutet, dass die keltische (iro-schottische) Kirche sich auf den Evangelisten Johannes zurückführte. Es ist nicht verwunderlich, wenn man bedenkt, dass sein Bruder Jakobus in Spanien missioniert hat, dass sich die Christen in Spanien und Irland später für das Evangelium des Apostels Johannes entschieden haben. Unter Umständen fühlten sich die Kelten auch von der Apokalypse des hl. Johannes besonders angezogen, denn Wahrsagungen und fantastische Geschichten waren ihnen aus ihren Sagen geläufig.

Dazu passt, dass die keltische Kirche viele Gemeinsamkeiten mit der frühen ägyptisch/koptischen Kirche und dem in Nordafrika verbreiteten Mönchstum aufweist. Auch griff man in Irland auf die koptische Buchmalerei zurück, dennoch blieb die irische Buchornamentik keltisch in einem eigenen Rhythmus.[173]

Vermutlich fiel die neue Lehre in Irland erst einmal in dem Durcheinander der keltischen Gottheiten gar nicht weiter auf. Zumindest ist nichts von Christenverfolgungen und Märtyrern bekannt. Das Christentum breitete sich vor St. Patrick sozusagen von den Eliten unbemerkt aus. In der keltischen Kirche hielt man später noch lange an den alten Sitten fest, um sich von der römischen Kirche abzugrenzen.

Das keltische, iro-schottische, vom Papsttum unabhängige Christentum umfasste neben Irland auch die britischen Inseln, wo es in England bis 664 (Synode von Whitby), in Wales bis ins 9. Jahrhundert und in Schottland bis ins 12. Jahrhundert bestand. Der Mönch und Geschichtsschreiber Beda Venerabilis (der Ehrwürdige) beschreibt in seiner „Kirchengeschichte des englischen Volkes" die Lebensweise und die Zustände in den keltischen Klöstern.

Man vermutet auch, dass viele Mönche Abkömmlinge der heidnischen Filid-Schulen gewesen sind. Dies ist allerdings nicht erwiesen, sicher ist nur, dass Mönche mit Filid befreundet waren.

Eine weitere Eigenheit der keltischen Kirche war die Lebensweise des herumwandernden Mönchs, die „Peregrinatio", die als Martyrium, als die Aufgabe des eigenen Lebens zugunsten Gottes betrachtet wurde. Die irischen Kirchenväter kannten drei verschiedene Arten des Martyriums. In der Homilie (Bibelauslegung) von Cambrai, einem der ältesten Texte Irlands, werden sie aufgeführt:

1. Das weiße Opfer nannte man den Rückzug von Familie, Haus und Freunden
2. Das grüne Opfer nannte man den Rückzug in ein Eremitendasein im Wald,
3. Das rote Opfer war die Hingabe des Lebens für den Glauben.

Beim weißen Opfer verließ der Mönch als Missionar seine Heimat, beim grünen Opfer suchte er einen einsamen Ort im eigenen Land auf, und beim roten Opfer suchte er bewusst einen Ort auf, wo er wahrscheinlich mit kriegerischen Heiden zusammenstoßen und das Leben verlieren würde.[174]

432 landete der hl. Patrick (385-461) in Irland und missionierte in den folgenden Jahren in Irland, vorwiegend in Ulster und Connacht, den nördlichen Gebieten Irlands, denn die meisten Orte und Plätze, die von der Überlieferung mit dem hl. Patrick in Verbindung gebracht werden, liegen im Norden der

irischen Insel – ein weiteres Indiz für seine Tätigkeit im Norden Irlands.

Wie er in seinem Rechenschaftsbericht „Confessio" berichtet, wurde er in seiner Jugend von irischen Piraten im schottisch/eng-lischen Grenzraum eingefangen und als Sklave nach Irland verfrachtet. Er soll sechs Jahre in Slamish, in der Grafschaft Antrim, im Norden Irlands, gefangen gehalten worden sein, bevor er fliehen und in seine Heimat zurückkehren konnte.

Der hl. Patrick hat wahrscheinlich das lateinische Alphabet in Irland eingeführt. Er hat die Stammes- und Sozialmuster der Iren erhalten und die Gesetze nur verändert, wenn sie mit dem Christentum nicht vereinbar waren. Von ihm sind zwei Dokumente überliefert.

Das eine ist ein Protestbrief an einen britannischen Fürsten namens Coroticus, dessen Leute einige von dem hl. Patrick persönlich getaufte Iren als Sklaven verschleppt hatten, das andere eine Art Rechenschaftsbericht („Confessio"), in dem Patrick einiges über sein Leben und sein Wirken berichtet.[175]

Die keltische Kirche verschmolz mit den alt-hergebrachten Formen der keltischen Frömmigkeit. Kirchen wurden an bestehenden „heiligen Plätzen" errichtet.

Die alten Feste wurden übernommen und mit christlichen Inhalten ausgestattet. „Imbolc", das heidnische Frühlingsfest am 1. Februar wurde zum Namenstag der hl. Brigid, aus dem heidnischen „beltaine"-Fest wurde der als Sommerbeginn gefeierte 1. Mai, aus dem „lugnasad"–Fest am letzten Sonntag im Juli wurde das Ende des Sommer und das heidnische „samain"–Fest des Winterbeginns und der Verstorbenen wurde zum „Halloween".

Die irischen Christen behielten viele Regeln und Zeremonien ihrer keltischen Vorfahren. So manche keltische Gottheit rettete sich als christliche Heilige in die neue Zeit hinüber. Einheimische Gottheiten wurden einfach in christliche Heilige verwandelt. So z.B. die heilige Brigid von Kildare.

Dafür spricht auch der Bericht eines walisischen Reisenden aus dem 12. Jahrhundert, dass in dem Kloster Kildare die Nonnen seit der Klostergründung ein heiliges Feuer hüteten.

Das Kloster Kildare, eine der frühesten römisch-katholischen Kirchengründungen, wurde wahrscheinlich schon Anfang des 5. Jahrhunderts in der Grafschaft Kildare eingerichtet und ist als „Civitas Brigidae" (Gemeinde der Brigid) bekannt. In diesem Kloster lebten Nonnen und Mönchen gemeinsam unter einem Dach. In dem Innenraum der Kirche gab es auf der einen Seite Platz für die Mönche und auf der anderen Seite Platz für die Nonnen.

Das Gemeinschaftskloster wurde von einer Bischöfin geleitet, die erst später durch eine Äbtissin mit einem Bischof an ihrer Seite abgelöst wurde.[176]

5. Kapitel

**Das Missionsgebiet des hl. Fridolin und seiner Mitbrüder
Wichtige Entwicklungen und Ereignisse in der Kirche**

Über die Tätigkeit des hl. Fridolin sind keine schriftlichen Aufzeichnungen erhalten. Das Ausmaß seines Wirkens und das seiner Mitbrüder ist an den Ortschaften, die zum Stift Säckingen gehörten und den dem hl. Fridolin beziehungsweise dem hl.Hilarius geweihten Kirchen, Kapellen und Pfarreien zu ersehen. Bezeichnend sind auch die kirchlichen Festlichkeiten am 6. März, dem Todestag des hl. Fridolin, und am darauf folgenden Sonntag.

Dem Stift Säckingen waren folgende Orte untergeben:

Diegeringen
Egg
Harpolingen
Herrischried
Herrischwand
Hornussen
Ittenthal
Kaisten
Katzenmoos
Laufenburg
Mettau
Mumpf
Murg
Niederhof
Niederschwörstadt
Oberhof
Obersäckingen
Rhina
Rippolingen

Schellenberg
Schliengen
Stein
Stetten bei Lörrach
Sulz
Thimoos
Zechenwihl
Zell i. W.
Zuzgen

Außerdem gehörten der Kanton Glarus und einige weitere Orte in der Schweiz dem Kloster Säckingen. Teilweise wurden auch die Pfarrer dieser Orte vom Kloster Säckingen bestimmt und beaufsichtigt.[177]

Ein weiterer Anhaltspunkt für die ursprünglich mit Säckingen durch die Mission verbundenen Ortschaften waren die dem hl. Fridolin oder dem hl. Hilarius geweihten Kirchen und Kapellen.

Kirchen und Kapellen, dem hl. Fridolin geweiht, stehen in:

Atzenbach	Kapelle
Bettmaringen	Kirche
Binzgen bei Laufenburg	Kapelle
Bremgarten	Kirche
Dietlingen/Pfarrei Weilheim	Kapelle
Gündlingen	Kirche
Häusern bei St. Blasien	Kapelle
Herdern/Pfarrei Hohentengen	Kapelle
Istein	Kirche
Jechtingen	Statue

In Jechtingen am Kaiserstuhl wird bei der Prozession eine Statue des hl. Fridolin mit Ursus unter einem Bogen mitgeführt, an dessen Vorder- und Rückseite Täfelchen mit Motiven aus dem Leben des hl. Fridolin und einzelner Wunder dargestellt sind. Etliche Täfelchen zeigen den hl. Fridolin als Nothelfer in verschiedenen Notlagen.

Im Einzelnen handelt es sich auf der Vorderseite des Bogens um folgende Motive:

1.   Fridolin auf einer Wolke emporschwebend
2.   Fridolin sieht segnend aus einer Wolke auf eine unten sitzende Frau neben ihrem kleinen Kind. – Der hl. Fridolin wird als Patron der kleinen Kinder verehrt.
3.   Fridolin neben einem liegenden Mann. – Der hl. Fridolin ist auch der Patron der Kranken und Verlassenen.
4.   Fridolin mit der zweitürmigen Pfarrkirche in Säckingen. Der hl. Fridolin wird als Beschützer des Glaubens verehrt.
5.   Fridolin mit Mitra und Pulviale schüttet einen Eimer Wasser in ein brennendes Haus. – Der hl. Fridolin wird auch als Patron gegen die Feuersgefahr verehrt.

Auf der Rückseite des Bogens sind Täfelchen mit folgenden Motiven angebracht:
1.   Fridolin schwebt mit dem Abtsstab in der Hand über einer Halle, neben der Wasser und ein liegender Mann dargestellt sind.
Ursprüngliche Deutung:
Als Bitte um einen würdigen Empfang der hl. Sakramente.
Eine weitere mögliche Deutung:
Der hl. Fridolin bittet für die Kranken der Säckinger Badquelle.
2.   Fridolin erweckt den verstorbenen Ursus. – Der hl. Fridolin kann für Verstorbene und um Hilfe für erlittenes Unrecht angerufen werden.
3.   Fridolin zieht einen Ertrinkenden aus dem Wasser. – Der hl. Fridolin als Schutzpatron der Reisenden und Leidenden.
4.   Der hl. Fridolin segnet in den Wolken schwebend das Vieh. – Der hl. Fridolin als Schutzpatron des Viehs.
5.   Fridolin lässt von 2 Kalbinnen eine Tanne in den Rhein schleppen. – Erinnerung an die Umleitung des Rheins in Säckingen.

In weiteren Orten sind Kirchen und Kapellen dem hl. Fridolin geweiht:

Krotzingen	Kirche
Kuchelbach/Pfarrei Birndorf	Kapelle

Neuenburg	Kirche
Oberampringen	Kirche
Reiselfingen	Kirche
Schlatt	Kirche
Stetten bei Lörrach	Kirche
Ustersbach	Pfarrkirche
Waldkirch bei Waldshut	Kirche
Zell i. W.	Kirche

Augsburg, die Diözese verehrt den hl. Fridolin.

Rankweil, Vorarlberg, in der Marienkirche Bilder des Gerichtstags von Rankweil, in der Nähe eine dem hl. Hilarius geweihte Kirche.

Blatten, Schloss bei Montlingen, Vorarlberg, zerstört 1799, hatte eine dem hl. Fridolin geweihte Kapelle.

Dem hl. Hilarius geweihte Kirchen befinden sich in:

Bleichheim	Kirche
Bollschweil	Kirche
Dietikon	Altar des Hl. Hilarius
Ebnet	Kirche
Fürstenberg	Kirche
Heidenhofen	Kirche
Laufen, Kanton Zürich	Kirche
Weilersbach bei Villingen	Kirche[178]

Zu dem Kloster Säckingen gehörten folgende Dinghöfe, zu denen viele Ortschaften gehörten, in denen das Kloster Säckingen die niedere Gerichtsbarkeit und viele Gefälle (Abgaben) besaß:

Herrischried in der ehemaligen Grafschaft Hauenstein

Hornussen, auf dem rechten Rheinufer, in der ehemaligen Herrschaft Rheinfelden.

Ittental, Kaisten und Mettau auf dem rechten Rheinufer, in der ehemaligen Herrschaft Laufenburg.

Murg, Oberhof in der ehemaligen Grafschaft Hauenstein, auf dem rechten Rheinufer, in der ehemaligen Herrschaft Rheinfelden.

Sulz, auf dem rechten Rheinufer, in der ehemaligen Herrschaft Laufenburg.

Stein, Zuzgen, auf dem rechten Rheinufer, in der ehemaligen Herrschaft Rheinfelden.

Größere Besitzungen besaß das Stift Säckingen in den Orten:

Dottimkon, Hensikon, Oberwürmlingen, Otwesingen, Sarmersdorf in der Schweiz.

Schliengen, Schwörstetten, Stetten bei Lörrach, Zell im Wiesental.

Im weiteren besaß das Stift Säckingen folgende Orte und Landschaften: Die meisten Besitzungen waren laut den ältesten Chroniken seit urdenklichen Zeiten Besitz des Klosterstifts Säckingen.

Freudenau, Burg, mit der Fähre bei Stilli, unterhalb Brugg im Kanton Aargau.

Glarus, Land

Laufenburg, Stadt und Burg

Säckingen, Stadt

Ufenau, Insel im Zürichsee

Waldshut, das Gebiet auf dem die Stadt später erbaut wurde.

In vielen dieser Orte und Dinghöfe hatte das Stift Säckingen die Collatur, das heißt das Stift konnte die Pfarrstelle mit einem Pfarrer seiner Wahl besetzen, bei vielen Gemeinden hatte das Stift den Kirchensatz.

Atzenbach, Filiale von Zell im Wiesental hat eine Fridolinskapelle.

Binzgen, Filiale von Hochsal, in Binzgen steht eine Fridolinskapelle.

Eichsel

Görwihl

Hochsal, die älteste Kirche in der Gegend, in der in alter Zeit alle Orte bis zu einer Entfernung von 3-4 Stunden weit in den Schwarzwald eingepfarrt waren.

Kleinlaufenburg

Obersäckingen

Säckingen

Schwörstadt (Schwörstetten)

Stetten bei Lörrach, die Pfarrkirche ist dem hl. Fridolin geweiht, gegenüber der Kanzel hat man in einer Nische sein Bild angebracht.

Zell im Wiesental, die Pfarrkirche war ursprünglich dem hl. Hilarius und ist jetzt dem hl. Fridolin geweiht. Das Fest des Hl. Fridolin wird am 6.März und am darauf folgenden Sonntag gefeiert. An beiden Tagen erscheinen viele Wallfahrer aus dem hinteren Wiesental. Ein Seitenaltar trägt den Namen des hl. Fridolin und die Hauptfigur auf dem Hochaltar stellt den hl. Fridolin dar.

Weitere badische Orte mit Bezug auf den hl. Fridolin:

Bettmaringen, die Pfarrkirche ist dem hl. Fridolin geweiht. Am 6.März wird ein Hochamt gefeiert. Am Sonntag darauf wird Patrozinium (Kirchweih) unter großem Zulauf des Volkes aus der gesamten Umgebung gefeiert. Bettmaringen hat auch eine Reliquie des hl. Fridolin.

Dietlingen, Pfarrei Weilheim, Kapelle

Gaiß, Pfarrei Waldkirch, Kapelle

Häusern, Kapelle

Herdern, Pfarrei Hohentengen, Kapelle mit „Heiliger Messe" am 6.März

Herthen, in der Gottesackerkapelle wird am 6.März eine „Heilige Messe" zur Ehren des hl. Fridolin gefeiert.

Inzlingen, hat einen Seitenaltar zu Ehren des Hl. Fridolin mit seinem Bild

Kuchelbach, Pfarrei Birndorf, Kapelle

Minseln, hält am 6.März eine Betstunde

Reiselfingen, Pfarrkirche dem hl. Fridolin geweiht. Die Pfarrer von Reiselfingen waren im Mittelalter auch die Stiftskapläne im Stift Säckingen.

St. Blasien, Reliquie und Bild des Hl. Fridolin auf dem Hochaltar

Waldkirch bei Waldshut, Bild des hl. Fridolin auf dem Hochaltar, in der Prozession wird die Statue des Heiligen mitgetragen.

Auf dem linken, dem Schweizer Rheinufer, besaß das Stift Säckingen die Collatur in folgenden Gemeinden:

Beinwilerthal, und im hinteren Birtis, ein Altar zu Ehren des hl. Fridolin und/oder eine Statue des hl. Fridolin

Birtis, im hinteren ..., wie in Beinwilerthal

Breitenbach, in der Pfarrkirche ist der hl. Fridolin Nebenpatron. Zur Fridolinskapelle werden Wallfahrten veranstaltet.

Von Breitenbach und Brislach aus werden mehrmals im Jahr Kreuzgänge zur Fridolinskapelle in Breitenbach abgehalten. Zwischen den beiden Kreuztagen wird fast an jedem Tag in der Kapelle eine Heilige Messe gefeiert. Außerdem wird der hl. Fridolin in der ganzen Gegend sehr verehrt.

Brislach, ein Altar zu Ehren des hl. Fridolins und/oder eine Statue des hl. Fridolin.

Gansingen

Großlaufenburg

Holderbank, bei Blasthal im Kanton Solothurn, die Pfarrkirche ist dem hl. Fridolin geweiht.

Hornussen

Kaisten, auf einem Seitenaltar ist Fridolin mit Ursus dargestellt, hier und in Hornussen wird der 6. März als halber Feiertag begangen.

Laufen, Altar zu Ehren des hl. Fridolin und/oder eine Statue des hl. Fridolin.

Leimen, wie in Laufen

Liesberg, die Pfarrkirche ist dem hl. Fridolin geweiht.

Mettau,

Niedermumpf, Obermumpf, Mumpf und Stein begehen das Fridolinsfest zusammen mit Säckingen. In der Frühe wird ein Gottesdienst gehalten, anschließend wallfahrtet das Volk nach Säckingen.

Rheinsulz
Schupfart
Schwarzbubenland, dort herrscht die Sitte am 6.März junge Kühe Tannen ziehen zu lassen.
Sulz,
Wegenstetten
Witterschwil, Altar zu Ehren des hl. Fridolins und/oder eine Statue des hl. Fridolin
Zuzgen
Weitere Orte mit einem Bezug zu Fridolin sind der Schweiz:
Alt-Rapperswil (Altendorf) am Zürichsee. Hier wird der hl. Fridolin besonders verehrt. Er ist neben anderen Heiligen der Patron des Hauptaltars in der Pfarrkirche St. Michael.
Basel, eine Kapelle im Münster war dem hl. Fridolin geweiht, ebenso die Kapelle „oben an den Schwellen". Auch eine Domkaplanei wurde zu Ehren des hl. Fridolin gestiftet.
Birmenstorf, Altar dem hl. Fridolin geweiht
Bürgeln, Kanton Uri, in der Pfarrkirche, dem hl. Fridolin geweihter Altar
Doppelschwand, Kapelle des hl. Fridolin an der Pfarrkirche
Eiken, begeht den 6. März als halben Feiertag
Fisibach, Pfarrei Kaiserstuhl, Fridolinskapelle
Galgenen am Zürcher See, besondere Verehrung des hl. Fridolin, neben anderen Heiligen ist Fridolin auch Patron der Pfarrkirche. Wegen einer großen Schlacht zu Ragaz im Jahre 1466 wurde der 6. März als heiliger Aposteltag gefeiert. Außerdem wurde an diesem Tag der Schwabenkriege von 1499 und der auf den italienischen Schlachtfeldern 1513-1526 gefallenen Männern aus der March gedacht. Ebenfalls hatte das Beinhaus zu Mariä Himmelfahrt, neben anderen Heiligen den hl. Fridolin zum Patron.
Gipf, hat ein Bild des hl. Fridolin in seiner Kapelle.
Gippingen, Filiale von Leuggern, hier wird am 6.März eine Betstunde mit einer Heiligen Messe abgehalten. Früher wurde dort in der kleinen Kapelle eine Heilige Messe gelesen, und danach zogen die Beteiligten zur Pfarrkirche, aus der die ge-

samte Gemeinde nach Säckingen wallfahrtete.

Glarus, Kanton, verehrt Fridolin als Landespatron. Der 6. März ist ein staatlich garantierter Feiertag (Ende 19. Jhd.). Das Bild des hl. Fridolin wurde in das Wappen des Landes aufgenommen, ebenso ziert sein Bild das Landessiegel, Fahnen und Münzen. Das Schild des Landeswappens ist rot und die stehende Figur Fridolins ist mit einer schwarzen Cuculla bekleidet.

Ebenso tragen das Landessiegel, Münzen und Fahnen das Bild des hl. Fridolin.

Rot war bei den Kelten die Farbe der „Anderen Welt", der Welt der Götter und der Verstorbenen.

In den Gemeinden des Hinterlandes gibt es einen uralten Brauch. Die Jugendlichen entzünden an den Tagen vor dem 6. März nachts auf den Höhen Fridolinsfeuer und laufen mit Fridolinsfackeln durch die Dörfer. Alle Kirchen des Kantons Glarus haben mindestens ein Bild des hl. Fridolin.

Lachen am Zürichsee. Hier wird der hl. Fridolin besonders verehrt. Er ist Patron des rechten Seitenaltars in der Pfarrkirche.

Langenrickenbach, das Beinhaus ist unter anderen Heiligen auch dem hl. Fridolin geweiht.

Leibstadt, Pfarrkirche dem hl. Fridolin geweiht.

Linthal, südlicher Seitenaltar dem hl. Fridolin geweiht.

Lowerz, die Pfarrkirche ist neben anderen Heiligen auch dem hl. Fridolin geweiht.

Näfels, Pfarrkirche erbaut zu Ehren der hl. Maria, des hl. Hilarius und des hl. Fridolins. Der Hochaltar ist dem Erlöser, dem hl. Hilarius und dem hl. Fridolin geweiht. Eine 1574 gegossene Glocke trägt die Inschrift: *Sancti Fridoline et Hilari orate pro nobis.*(J

Netstal, in der Pfarrkirche steht eine Fridolinsstatue aus dem Mittelalter.

Nordorf, Altar dem hl. Fridolin geweiht.

Oberdorf, in …, gab es ein St. Glärisgut und in der Nähe einen Friedlisberg.

Oberurnen, in der Dreifaltigkeitkapelle befindet sich ein Reliefbild mit den 14 Nothelfern, darunter der hl. Fridolin. Aus dem 16. Jahrhundert.

Obsthalden, die große Glocke trägt das Bild Fridolins mit Ursus.

Oeschgen, begeht den 6. März als halben Feiertag.

Rheinfelden, hat eine hl. Fridolin-Kaplanei.

Riedt, bei Schwyz – Fridolinskapelle.

Rorschach, im Benediktinerkloster Unserer lieben Frau zu Maria Berg bei ..., war ein Altar neben anderen Heiligen auch dem hl. Fridolin geweiht.

Ryburg, bei Möhlin, hat eine Kapelle zu Ehren des hl. Fridolin. Am 6. März wird hier ein feierlicher Gottesdienst gehalten.

Schwanden, Pfarrkirche der hl. Maria und dem hl. Fridolin geweiht. In dieser Kirche steht auch ein Altar, der unter anderen Heiligen auch dem hl. Fridolin geweiht ist.

Sisseln, die Filialkapelle und die Gemeinde haben den hl. Fridolin zum Patron und man feiert sein Fest am 6. März.

Tuffertswil im Kanton St. Gallen hat eine Fridolinskapelle.

Uecken bei Herznach, hier steht eine Fridolinskapelle mit einem Bild des hl. Fridolin

Vogelsang, Pfarrei Lengnau, Fridolinskapelle

Wegenstetten, begeht den 6. März als halben Feiertag.

Windisch (Vindonissa), zur Zeit Fridolins ein Bischofssitz. Nach der Überlieferung predigte Fridolin auch hier.

Wittnau hat ein Bild des hl. Fridolin in der Pfarrkirche

Zeiningen, begeht den 6. März als halben Feiertag.

Zürich, im Frauenmünster war ein Altar neben anderen Heiligen auch dem hl. Fridolin geweiht. Nach der Überlieferung hat Fridolin auch hier gepredigt.[179].

Die große Anzahl der dem hl. Fridolin und dem hl. Hilarius geweihten Kirchen und Kapellen zeigt den riesigen Bereich in dem Fridolin und seine Mitbrüder das Christentum verbreiteten. Als Columban mit seinen Jüngern etwa 100 Jahre später durch die Gegend zog, hielt er sich nicht lange auf, denn ein Großteil der Bevölkerung war schon zum Christentum bekehrt. Einzig sein Gefährte Gallus blieb wegen Krankheit zurück und gründete das Kloster St. Gallen.

Der hl. Fridolin wird zurecht der Apostel Alemanniens genannt. Er war der erste Missionar nach der Völkerwanderung, der in Süddeutschland das Christentum verbreitete. Von Säckingen aus wurde ein weites Gebiet für das Christentum gewonnen. Von Straßburg her rheinaufwärts über den Schwarzwald bis in die Baar, ja bis Augsburg, im Süden weite Teile der heutigen Schweiz bis Bayern und Vorarlberg. Das Gebiet der heutigen Schweizer Kantone Basel, Solothurn, Aargau, Zürich, Glarus, Chur, St. Gallen und Thurgau wurde von Säckingen aus durch den hl. Fridolin und seine Mitbrüder für das Christentum gewonnen.

Wichtige Ereignisse und Entwicklungen in der Kirche um die Zeit Fridolins

391 Christentum wird Staatsreligion, unter dem römischer Kaiser Theodosius.

400 Der Ire Pelagius bekämpft die Gnadenlehre des hl. Augus-tinus.

Pelagius, ein aus Irland stammender Theologe, behauptete:

Der Mensch kann das Böse aus eigener Kraft und eigenem Willen bezwingen, er muss nur das Gute tun. Pelagius leugnete Erbsünde, Taufe und Notwendigkeit der inneren Gnade zur Erfüllung der göttlichen Gebote und zum ewigen Leben. Das Konzil von Ephesus verurteilte die Lehre des Pelagius 431 als Irrlehre. Daraufhin ließ der römische Kaiser die Pelagianer ächten.

Der Kirchenlehrer Augustinus dagegen behauptete:

Der Mensch kann sich aus sich selbst heraus nicht rechtfertigen. Er ist zwingend auf die Gnade Gottes angewiesen. Der hl. Augustinus setzte sich durch. Papst Zosimus verurteilte daraufhin Pelagius und seine Lehre als Irrlehre.

Augustinus Aurelius, Kirchenlehrer

Geb.: 13. 11. 354 in Thagaste, Nubien

Gest.: 28. 08. 430 in Hippo

Augustinus war als Rhetor in Carthago, Rom und Mailand tätig. Er ließ sich 387 taufen, kehrte 388 nach Carthago zurück und wurde 395 zum Bischof von Hippo ernannt.

431 Papst Coelestin I. schickte 431 Palladius als Bischof nach Irland, um die Einwohner auf den richtigen Weg, den römisch-katholischen zu bekehren. Etwa um die gleiche Zeit soll Patricius (St. Patrick) nach Irland gegangen sein. Er soll aus einer romanisierten keltischen Grundbesitzerfamilie abstammen und wurde als Sklave nach Irland verschleppt. Nach sechs Jahren konnte Patricius in die Heimat fliehen. In Britanien hat ihm dann ein Mann namens Viktor den Auftrag, in Irland zu missionieren, erteilt.

597 Abt Augustinus reist im Auftrag von Papst Gregor d. Gr. nach England, König Ethelbert von Kent schenkt ihm eine römische Kirchenruine in Canterbury. Von dort aus versucht er eine britanische Kirche im Sinne Roms aufzubauen.

625 König Edwin von Northumbria wird durch den römischen Bischof Paulinus getauft.

635 König Oswald, Nachfolger des Edwin von Northumbria, holt an Stelle des Paulinus, den Iren Aidan von Iona in sein Land. Aidan gründet das Kloster Lindisfarne und missioniert im Sinne der „keltischen Kirche"

663 Konzil von Whitby

Auseinandersetzung zwischen keltischer und römischer Kirche. Die Entscheidung fiel zugunsten der römischen Kirche.

Anmerkungen

[1] Wikipedia.org./wiki/ Geschichte Irlands (bis 800 n.Chr.) 28.08.2008

[2] Lexikon.meyers.de /wissen/Fridolin

[3] Basler Brevier (1584) „Fridolinus propter assiduas peregrinationes, quas propagandi Evangelii studio susceperat, Viator dictus est." (Fridolinus wird wegen seiner beständigen Wanderungen, die aus Eifer für die Verbreitung des Evangeliums unternahm, Wanderer genannt.
Josef Schuler, Sankt Fridolin 1904, 1.Buch D. Leben des hl.Fridolin S.9

[4] Keltische / iro-schottische Kirche , Keltische Kirche - Wikipedia
Die keltische / iro-schottische Kirche ist nicht von Rom her entstanden. Sie trägt viele Züge der vornicaeischen Kirche. So berechnete die keltische Kirche das Datum für das Osterfest, nach einer vor dem Konzil von Nicaea üblichen Art und Weise. Es handelte sich nicht um eine organisierte, einheitliche Kirche. Sie kannte auch keine Hirarchie mit Metropoliten und Patriarchen. Die geistliche Autorität lag bei den Äbten der Klöster. Bischöfe hatten keine Diözesen, mitunter gab es mehrere Bischöfe an einem Ort. Um nur einige Unterschiede zu nennen. Der Zusammenschluss mit der römischen Papst-Kirche erfolgte 664 in der Synode von Whitby, als man sich stellvertretend für alle Differenzen auf einen gemeinsamen Termin für das Osterfest einigte. Wikipedia.org/wiki/ Keltische_Kirche

Dennoch gab es immer wieder Versuche die alt-hergebrachte Form des Christentums, „Petrus- oder Johanneskirche", das sich auf Jerusalem zurückführte, wieder durchzusetzen.
So durchkreuzten die Mönche des Klosters Glastonbury 1191 die Versuche der normannischen Könige und ihrer Parteigänger die alte Kirche wieder zu beleben, um den Einfluss der römischen Bischöfe zurückzudrängen. Gerhard Herm, Die Kelten, Rowolt Verlag 1977, Seite 340
Auch Verbindungen zur koptischen Kirche blieben offensichtlich erhalten. So griffen die irischen Schreiber auf die kopti-

sche Art der Buchmalerei zurück, aber mit keltischer Buchornamentik.
Hermann Noelle, Die Kelten und ihre Stadt Manching, Emil Vollmer Verlag 1974, Seite 230
Ein weiterer möglicher Hinweis auf die keltische Kirche:
„der erste Bischof (von Vindonissa / Windisch) war St. Beatus, des H. Apostels Petri Lehr Jünger und ein Engelländischer Priester.
Merian Topographia Germania, Schwaben 1643, Seite 53

[5] Jean Markale, Die keltische Frau 1972, Seite 40
Dazu passt auch was Caesar von den Kelten berichtet: ... „dass kein Sohn vor seiner Reise zu den Kriegsdiensten öffentlich Zutritt bei seinem Vater hat, und dass es bei ihnen eine Schande ist, wenn man ein Kind im Knabenalter außer dem Hause an der Seite seines Vaters sieht."
Caesar, Der gallische Krieg, 6.Buch, Nr. 18
[6] Die Römer überlieferten den Namen der Iren „Scotti"
Gerhard Herm, Die Kelten, Rowolt Verlag 1977, Seite 307
Die letzte Einwanderung in Irland führte Mil an, der Anführer der Milesier. Der Name seiner Frau war Scotta. Danach sollen die Iren sich selbst Scotti genannt haben.
Sylvia u. Paul F. Botherheroyd, Lexikon der keltischen Mythologie, Tosa Verlag, Wien 2004, Seite 232
[7] J. Schuler, Sankt Fridolin 1904, 1.Buch, Das Leben des hl.Fridolin S.10
[8] J. Schuler, Sankt Fridolin 1904, 1.Buch , Das Leben des hl.Fridolin S.14
[9] Lexikon der Geschichte, Bertelsmann (derclub.de) Buch Nr. 105288
[10] Caesar schreibt: „Sie halten es für unerlaubt diese (Verse) schriftlich, obschon sie sich in Staats- und Privatgeschäften der griechischen Schrift bedienen." Caesar, Der gallische Krieg, 6. Buch, Nr.14

[11] Über den Verlauf des Festes alle drei Jahre in Carman ist ein detaillierter Bericht überliefert. Das Fest in Tara wird sich nicht sonderlich von dem in Carman unterschieden haben.
Sylvia u. Paul F. Botherheroyd, Lexikon der keltischen Mythologie, Tosa Verlag, Wien 2004, Seite 53
[12] J. Schuler, Sankt Fridolin 1904, 1.Buch, Das Leben des hl.Fridolin S.10
[13] J. Schuler, Sankt Fridolin 1904, 1.Buch, Das Leben des hl.Fridolin S.11-12
[14] J. Schuler, Sankt Fridolin 1904, 1.Buch, Das Leben des hl.Fridolin S.15-16
[15] Jürgen Erlvert, Geschichte Irlands, ISBN 3 423 30148 1, Seite 53
[16] Giraldus Gambrensis berichtet im 12. Jhd. von dem Inthronisationsritus dem sich ein irischer König unterwerfen musste. Er musste sich Rahmen dieser Zeremonie mit einer weißen Stute vereinigen, womit die rechtmäßige Herrschaft des Königs besiegelt wurde. König und Muttergottheit in der Pferdegestalt, Symbol der Erde und des Territoriums, feierten eine heilige Hochzeit.
Sylvia u. Paul F. Botherheroyd, Lexikon der keltischen Mythologie, Tosa Verlag, Wien 2004, Seite 53
[17] Paulus, Brief an die Galater 4/15
[18] J. Schuler, Sankt Fridolin 1904, 1.Buch, Das Leben des hl.Fridolin S.17-18
[19] E.I.Hefele, Geschichte der Einführung des Christentums im Südwestlichen Deutschland, Tübingen 1837
[20] J. Schuler, Sankt Fridolin 1904, 1.Buch, Das Leben des hl.Fridolin S.23-24
[21] Bel / Belenos – „Der Strahlende" ist die Schutzgottheit des Beltaine-Fests , das Fest des Sommeranfangs. Seite 160
Jean Markale, Die Druiden, Goldmann Verlag, München 1989
[22] Internet: Eine Variante der Brendan-Legende,
http://www.ucc.ie/celt/online/D207007.html vom 03.05.2010
Spuren, die auf weitere Seefahrer und Mönche in Amerika deuten:

Sabine Häckländer
Die beiden Mönche Menorc und Barrind sollen Amerika vor Brendan erreicht haben.
„In der Sage von Eric dem Roten wird von zwei Eingeborenen berichtet, die behaupteten, in ihrer Nähe lebten Menschen, die weiße Kleider trugen, in Prozessionen marschierten und dabei Stangen, vor sich her trugen, an denen Stoff befestigt war. Damals dachten die Wikinger, das müssten Iren sein."
„Das isländische Landnamboek berichtet über ein ‚Land westwärts von Vinland dem Guten, das einige das große Irland nennen."
Gudleifr Gunnlaugsson, Kaufmann aus Island wurde durch Sturm von der irischen Westküste abgetrieben und landete an einer fremden Küste, wo die Eingeborenen irische Sprachbrocken verwendeten.
Auf den Inseln Hebriden, Faroer und Island waren die Iren vor den Wikinger.
Quellen:
Timothy Severin, Tausend Jahre vor Kolumbus 1976
University of Notre Dame Press: Veröffentlichung der Mittelalterforschung Nr. IV, 1959
John O`Meara: The Voyage of Sankt Brendan, 1976

Einige irische Seefahrersagen:
1. Meerfahrt des Bran, Sohn des Febal (Irland)
Bran begegnet auf seiner Seefahrt einem auf den Wellen reitenden Ritter mit Namen Mananann, Sohn von Lir (Sohn der Wellen)

2. Maelduins Seefahrt ins Westmeer. Eine irisch-keltische Sage
Maelduin trifft mit seinen Gefährten auf eine Zauberinsel
Jean Markale, die Keltische Frau, Dianus-Trikont Buchverlag 1984
3. Immram Snédgusa ocus meic Riagla.
In dieser Geschichte besuchen Verwandte des Colm Cille (iri-

scher Heiliger, „Taube der Kirche") besuchen verschiedene Inseln und predigen dort das Evangelium.

4. Immram curaig Ua Chorra.

In dieser Sage bekehren sich drei Piraten, Heiden und Verehrer des Teufels zum Christentums machen sich auf eine Reise in die Anderswelt, in der aber durchaus reale Inseln Gegebenheiten beschrieben werden, wie die Sargassosee, die Faroer- und die Kanarischen Inseln und andere
Internet: http://www.lebensraeume-var.de/maeldun/anmerkungen.html
03.05.2010

[23] J. Schuler, Sankt Fridolin 1904, 1.Buch, Das Leben des hl.Fridolin Seite 23/24

[24] Internet: http://en.wikipedia.org/wiki/Currach

[25] Friedrich Kortüm, Geschichte des Mittelalters, Band 1, Seite 37
Verlag Hohe GmbH, ISBN 978 3 86756 016 0

[26] Angus Konstam, Die faszinierende Welt der Kelten, der-club.de Bertelsmann Buchclub), 2004, Buch 15353, Seite 72

[27] Wikipedia, Geschichte Irlands (bis 800 n. Chr.)
http://de.wikipedia.org/wiki/Geschichte_Irlands_(bis 800_n._Chr.)

[28] Sylvia u. Paul F. Botherheroyd, Lexikon der keltischen Mythologie, Tosa Verlag, Wien 2004, Seite 335

[29] Das Lied von den Verwandlungen des Tuan Mac Carill, internet: http:// lebensraeume-div.de/tuan/

[30] Sylvia u. Paul F. Botherheroyd, Lexikon der keltischen Mythologie, Tosa Verlag, Wien 2004, Seite 192

[31] Jürgen Elvert, Geschichte Irlands, dtv 2003, ISBN 3-423-30148-1, Seite 40

[32] Jürgen Elvert, Geschichte Irlands, dtv 2003, ISBN 3-423-30148-1, Seite 40 - 45

[33] Jürgen Elvert, Geschichte Irlands, dtv 2003, ISBN 3-423-30148-1, Seite 40

[34] Jean Markale, Die keltische Frau 1972, Dianus-Trikont Buchverlag, Seite 22-23
[35] Sylvia u. Paul F. Botherheroyd, Lexikon der keltischen Mythologie, Tosa Verlag, Wien 2004, Seite 321
[36] Conn Cetchathach regierte 122-157 v. Chr., in der Sage ein Held mit Bezügen zu der Anderswelt.
Sylvia u. Paul F. Botherheroyd, Lexikon der keltischen Mythologie, Tosa Verlag, Wien 2004, Seite 67
[37] Jürgen Elvert, Geschichte Irlands, dtv 2003, ISBN 3-423-30148-1, Seite 41
[38] Sylvia u. Paul F. Botherheroyd, Lexikon der keltischen Mythologie, Tosa Verlag, Wien 2004, Seite 253
[39] Wikipedia, Geschichte Irlands (bis 800 n. Chr.)
http://de.wikipedia.org/wiki/Geschichte_Irlands_(bis 800_n._Chr.)
[40] Caesar, Der gallische Krieg, Anaconda Verlag, ISBN 3 938484 06 3, 6.Buch, 18
[41] Jürgen Elvert, Geschichte Irlands, dtv 2003, ISBN 3-423-30148-1, Seite 46
[42] Jürgen Elvert, Geschichte Irlands, dtv 2003, ISBN 3-423-30148-1, Seite 49-50
[43] Jean Markale, Die keltische Frau 1972, Dianus-Trikont Buchverlag, Seite 37
[44] Caesar, Der gallische Krieg, Anaconda Verlag, ISBN 3 938484 06 3, 5.Buch, 14, „Je zehn bis zwölf, besonders Brüder mit den Brüdern oder Väter mit den Söhnen, haben immer ihre Weiber gemeinschaftlich: die Kinder aus diesen Ehen werden dem zugeeignet, dem die Jungfrau zuerst zugeführt wurden."

[45] Jürgen Elvert, Geschichte Irlands, dtv 2003, ISBN 3-423-30148-1, Seite 51
[46] Caesar, Der gallische Krieg, Anaconda Verlag, ISBN 3 938484 06 3, 6.Buch, 13, „Unterwirft sich jemand, Privatmann oder Obrigkeit ihrem Ausspruche nicht, wo wird er von den Opfern ausgeschlossen. Dieses ist die schwerste Strafe bei ihnen, denn die so Ausgeschlossenen betrachtet man als Ruch-

lose und Bösewichter, entfernt sich von ihnen, flieht ihren Umgang und ihre Anrede, um nicht von ihnen angesteckt zu werden. Bei keinem Gesuche erhalten sie Recht, noch bekommen sie irgend eine Ehrenstelle."

[47] Sylvia u. Paul F. Botherheroyd, Lexikon der keltischen Mythologie, Tosa Verlag, Wien 2004, Seite93

[48] Sylvia u. Paul F. Botherheroyd, Lexikon der keltischen Mythologie, Tosa Verlag, Wien 2004, Seite 94

[49] Caesar, Der gallische Krieg, Anaconda Verlag, ISBN 3 938484 06 3, 6.Buch, 14

[50] Tuan mac Carill, http://lebensraeume-div.de/tuan/seite1.html

[51] Sylvia u. Paul F. Botherheroyd, Lexikon der keltischen Mythologie, Tosa Verlag, Wien 2004, Seite 92

[52] Caesar, Der gallische Krieg, Anaconda Verlag, ISBN 3 938484 06 3, 6.Buch, 14

[53] Sylvia u. Paul F. Botherheroyd, Lexikon der keltischen Mythologie, Tosa Verlag, Wien 2004, Seite 262-263
Jürgen Elvert, Geschichte Irlands, dtv 2003, ISBN 3-423-30148-1, Seite 47

[54] Jürgen Elvert, Geschichte Irlands, dtv 2003, ISBN 3-423-30148-1, Seite 46

[55] Jürgen Elvert, Geschichte Irlands, dtv 2003, ISBN 3-423-30148-1, Seite 48

[56] Caesar, Der gallische Krieg, Anaconda Verlag, ISBN 3 938484 06 3, 6.Buch,18

[57] Caesar, Der gallische Krieg, Anaconda Verlag, ISBN 3 938484 06 3, 6.Buch, 14

[58] Siehe irische Sage: Die Verwandlungen des Tuan mac Carrill

[59] Caesar, Der gallische Krieg, Anaconda Verlag, ISBN 3 938484 06 3, 6.Buch,16, 17

[60] Caesar, Der gallische Krieg, Anaconda Verlag, ISBN 3 938484 06 3, 6.Buch, 19

[61] Caesar, Der gallische Krieg, Anaconda Verlag, ISBN 3 938484 06 3, 6.Buch, 13

[62] Margrit Koch, Sankt Fridolin uns sein Biograph Balther, Fetzt u. Wasmuth Verlag AG, Zürich 1959, Seite 64, 65,

C. Julius Solinus aus dem 3.Jahrhundert n. Chr

22/1 „Finis erat orbis ora Gallici litoris nisi Brittania insula non qualibet amplitudine nomen paene orbis alterius mereretur: octingenta enim et amplius milia passuum longa detinet, ita ut et in Calidonicum usque anguGraecis litteris scripta votum."

22/2 „Multis insulis nec ignobilibus circumdatur, quarum Hibernia ei proximat magnitudine, inhumana incolarum ritu aspero, alias ita pabulosa, ut pecua, nisi interdum a pastibus arceantur, ad periculum agat satias. illic nullus anguis, avis rara, gens inhosbita et bellicosa, sanguine interemptorum hausto prius victores vultus suos oblinunt. fas ac nefas eodem loco ducunt. apis numquam: advectum inde pulverem se lapillos si quis sparserit inter alvearia, examina favos deserent. sed mare quod inter hanc et Brittaniam interluit, undosum inquietumque toto in anno nonnisi pauculis diebus est navigabile idque in centum viginti milia passuum latitudinis diffundi qui fidem ad verum ratiocinati sunt aestimarunt."

22/9 „Multae et aliae circa Brittaniam insulae, e quibus Thyle ultima. in qua aestivo solstitio sole de cancri sidere faciente transitum nox nulla: brumali solstitio perinde nullus dies. ultra Thyle ultima. in qua aestivo sole de cancri sidere faciente transitum nox nulla: brumali solstitio perinde nullus dies. ultra Thylen accipimus pigrum et concretum mare."

Pomponius Mela äußerte sich 43 v.Chr. über Irland: „Cultores eius (sc. Invernae) sunt et omnium virtutum ignari, magis quam aliae gentes, pietatis admodum expertes."
(Nichts Geheimnisvolles, sondern nur roheste Barbarei, Unkenntnis jeglicher Gesittung haftet der der Bevölkerung der fernen Insel an.

Unter den christlichen Autoren Isidor zurückhaltender: „Horrent male tecti cum latratoribus linguis Scotti"

Gildas beschreibt die Greulichkeit dieser Barbaren recht eingehend: „Fusci vermiculorum cunei, tetri Scotorum Pictorumque greges, moribus ex parte dissidentes, sed una eademque sanginis fundendi aviditate concordes furciserosque magis vultus pilis quam cororum pudenda pudendisqueproxima vestibus tegentes cognitaque condebitorum reversione et reditus denegatione solito confidentiores omnem aquilonem extremamque terrae partem pro indigenis muro tenus capessunt."

Hieronymus schildert die Iren an verschiedenen Stellen als den Inbegriff scheußlichster Barbaren, indem er sie nicht nur wahlloser Promiskuität (Vielweiberei) sondern auch schauderhaftester Menschenfresserei in ekelhaftesten Formen bezichtigt."

[63] Zeitschrift DAMALS – 08/1993, Oppidum Manching, Seite 56/57, Reinhold Dörrzapf

[64] Zeitschrift DAMALS - 11/1994, Dr.Signe Seiler Seite 20

[65] Hermann Noelle, Die Kelten und ihre Stadt Manching, Emil Vollmer Verlag, 1974, Seite 31

[66] Readers Digest, Kult der Kelten, ISBN 3 89915 076 7, Seite 23, 45, 86,

[67] So Qualvoll starben die Irischen Könige, http//www.spiegel.de/wissenschaft/mensch/0,1518, druck-789750,00... vom 30.10.2011

[68] Sylvia u. Paul F. Botherheroyd, Lexikon der keltischen Mythologie, Tosa Verlag, Wien 2004, Seite 321, 338

[69] J. Schuler, Sankt Fridolin 1904, 1.Buch, Das Leben des hl.Fridolin Seite 26

[70] J. Schuler, Sankt Fridolin 1904, 1.Buch, Das Leben des hl.Fridolin Seite 27
Henricus Murer, Helvetia Sancta / H.Schweizer Land 1641/1751, Seite 58

[71] Fr.Chr. Schlossers Weltgeschichte, Neufeld u. Henius Verlag, Berlin, 4.Band, Seite 303

[72] Daten der Weltgeschichte, Naumann u. Göbel Verlagsgesellschaft, ISBN 978-3-625-12036-0, Seite 48

[73] Friedrich Kortüm, Geschichte des Mittelalters, ISBN 978-3-86756-016-0, Seite 66

[74] Merian Topographia Germania, Schwaben 1643, Neue Ausgabe 1960, Bärenreiter Verlag, Seite 213

[75] Merian Topographia Germania, Schwaben 1643, Neue Ausgabe 1960, Bärenreiter Verlag, Seite 200
[76] Friedrich Kortüm, Geschichte des Mittelalters, ISBN 978-3-86756-016-0, Seite 66
[77] Friedrich Kortüm, Geschichte des Mittelalters, ISBN 978-3-86756-016-0, Seite 67
[78] Friedrich Kortüm, Geschichte des Mittelalters, ISBN 978-3-86756-016-0, Seite 69
[79] J. Schuler, Sankt Fridolin 1904, 1.Buch, Das Leben des hl.Fridolin Seite 31-34
[80] Henricus Murer, Helvetia Sancta / Heiliges Schweizer Land 1641/1751, Seite 58
[81] J. Schuler, Sankt Fridolin 1904, 1.Buch, Das Leben des hl.Fridolin Seite 29
[82] W.Berschin, D.Geuenich, Heiko Steuer, Mission und Christianisierung am Hoch- und Oberrhein, Jan Thorbecke Verlag, ISBN 3-7995-7360-7, Seite 168
[83] W.Berschin, D.Geuenich, Heiko Steuer, Mission und Christianisierung am Hoch- und Oberrhein, Jan Thorbecke Verlag, ISBN 3-7995-7360-7, Seite 170-171
[84] J. Schuler, Sankt Fridolin 1904, 1.Buch, Das Leben des hl.Fridolin Seite 37
[85] W.Berschin, D.Geuenich, Heiko Steuer, Mission und Christianisierung am Hoch- und Oberrhein, Jan Thorbecke Verlag, ISBN 3-7995-7360-7, Seite 173-174
[86] Sulpicius Severus, Vita Sancti Martini, Reclams Universal-Bibliothek Nr.18780, ISBN 978-3-15-018780-7, Seite 21, 104
[87] J. Schuler, Sankt Fridolin 1904, 1.Buch, Das Leben des hl.Fridolin Seite 39-42
[88] Gerhard Herm, Die Kelten, Rowolt Taschenbuchverlag 1977, Seite 325
[89] Henricus Murer, Helvetia Sancta / Heiliges Schweizer Land 1641/1751, Seite 59
[90] Fr.Chr. Schlossers Weltgeschichte, Verlag Neufeld u. Henius, Band 4, Seite 303

[91] J. Schuler, Sankt Fridolin 1904, 1.Buch, Das Leben des hl.Fridolin Seite 43
[92] J. Schuler, Sankt Fridolin 1904, 1.Buch, Das Leben des hl.Fridolin Seite 45/46
Henricus Murer, Helvetia Sancta / Heiliges Schweizer Land 1641/1751, Seite 59
[93] J. Schuler, Sankt Fridolin 1904, 1.Buch, Das Leben des hl.Fridolin Seite 42/44
[94] J. Schuler, Sankt Fridolin 1904, 1.Buch, Das Leben des hl.Fridolin Seite 46/47
Henricus Murer, Helvetia Sancta / Heiliges Schweizer Land 1641/1751, Seite 61
[95] J. Schuler, Sankt Fridolin 1904, 1.Buch, Das Leben des hl.Fridolin Seite 48
Henricus Murer, Helvetia Sancta / Heiliges Schweizer Land 1641/1751, Seite 61
[96] J. Schuler, Sankt Fridolin 1904, 1.Buch, Das Leben des hl.Fridolin Seite 48/53
Henricus Murer, Helvetia Sancta / Heiliges Schweizer Land 1641/1751, Seite 62
[97] Henricus Murer, Helvetia Sancta / Heiliges Schweizer Land 1641/1751, Seite 62 „... er solle an seiner Königlicher Bewilligung / Gnad / und Bestättigung keinen zweifel tragen / und wölle ihme zu der Ehr Gottes / und der Kirchen Nutz und Wohlfahrt / allen möglichen Vorschub beweisen."
[98] J. Schuler, Sankt Fridolin 1904, Einleitung, Das Leben des hl.Fridolin Seite 45/46
[99] Merian Topographia Germaniae, Elsass 1663, Neue Ausgabe Bärenreiter Verlag 1964, Seite 52
„Aus den gemeinen/ und zwar öffentlich Geistlichen Bebäuen / ist für-nehmlich das Münster/oder die Haupt=Kirch/welche zun Zeiten deß Ersten Christlichen Königs in Frankreich/Clodvaeus, oder Ludwigs /des Grossen/mehrenteils Hülzern gewesen/dessen Fundament man anno 1015 hinweg zu raumen und nach einem tieffen guten Fundament zu gra-

ben/und solches mit Erlen Pfälen ins Wasser zu schlagen/ und zulegen, anfinge...."

[100] J. Schuler, Sankt Fridolin 1904, Einleitung, Das Leben des hl.Fridolin Seite 47

[101] J. Schuler, Sankt Fridolin 1904, Einleitung, Das Leben des hl.Fridolin Seite 48/49

[102] Die Römer in Bayern, ISBN 978 3 937872 11 7, Hans-Kellner, Seite 344-345

[103] J. Schuler, Sankt Fridolin 1904, Einleitung, Das Leben des hl.Fridolin Seite 32

[104] http://de.wikipedia.org/wiki/Donau-Iller-Rhein-Limes, 06.11.2010

[105] Mission und Christianisierung am Hoch- und Oberrhein, Jan Thorbecke Verlag, ISBN 3-7995-7360-7, 47

[106] ‚Aufzeichnungen 1768-1783' von Wilhelm Heise und Markus Bernauer auf Seite 435

[107] Margrit Koch, Sankt Fridolin und sein Biograph Balther, Fretz und Wasmuth Verlag, Zürich, 1959, Seite 33
„... der Abt Notker, der am 18.Mai 971 zum Abt gewählt worden war und am 14.August 972 den Besuch Ottos I. und Otto II. in St.Gallen empfing. Sein Todesdatum ist der 15.Dezember 975." – ein Zeitgenosse Balthers.

[108] Henricus Murer, Helvetia Sancta / Heiliges Schweizer Land 1641/1751, Seite 62,
J. Schuler, Sankt Fridolin 1904, Einleitung, Das Leben des hl.Fridolin Seite 58

[109] Henricus Murer, Helvetia Sancta / Heiliges Schweizer Land 1641/1751, Seite 62,

[110] Mission und Christianisierung am Hoch- und Oberrhein, Jan Thorbecke Verlag, ISBN 3-7995-7360-7, Seite 55, Anmerkung 10
„Pörnbacher, die bei Helera von St. Avold ausgeht." / Mechthild Pörnbacher, Vita Sancti Fridolini: Leben und Wunder des heiligen Fridolin, des Missionars am Hochrhein, beschrieben von Balther von Säckingen, Bischof von Speyer, Texte-Übersetzung-Kommentar, Sigmaringen 1997

[111] J. Schuler, Sankt Fridolin 1904, Einleitung, Das Leben des hl.Fridolin Seite 30, 1.Buch Seite 55
[112] http://www.spiegel.de/wissenschaft/natur/0,1518,durck-739422,00.html vom 15.01.2011
http://www.spiegel.de/wissenschaft/natur/0,1518,durck-735253,00.html vom 21.12.2010
[113] J. Schuler, Sankt Fridolin 1904, 1.Buch, Das Leben des hl.Fridolin Seite 57
[114] J. Schuler, Sankt Fridolin 1904, 1.Buch, Das Leben des hl.Fridolin Seite 58
[115] J. Schuler, Sankt Fridolin 1904, 1.Buch, Das Leben des hl.Fridolin Seite 65
[116] Die Römer in Bayern, ISBN 978 3 937872 11 7, Hans-Kellner, Seite 399
[117] Henricus Murer, Helvetia Sancta / Heiliges Schweizer Land 1641/1751, Seite 63
[118] J. Schuler, Sankt Fridolin 1904, 1.Buch, Das Leben des hl.Fridolin Seite 70
Henricus Murer, Helvetia Sancta / Heiliges Schweizer Land 1641/1751, Seite 64
[119] Henricus Murer, Helvetia Sancta / Heiliges Schweizer Land 1641/1751, Seite 64
[120] J. Schuler, Sankt Fridolin 1904, 1.Buch, Das Leben des hl.Fridolin Seite 71,72
Henricus Murer, Helvetia Sancta / Heiliges Schweizer Land 1641/1751, Seite 64
[121] E.I. Hefele, Geschichte der Einführung des Christentums im südwest-lichen Deutschland, Tübingen 1837
Der Professor an der katholisch-theologischen Fakultät Tübingen schreibt: „... begab er (Fridolin) sich in die Wohnung eines Mannes ... namens Wacherus, ... dessen Sohn und Tochter er taufte." Seite 228
[122] J. Schuler, Sankt Fridolin 1904, Einleitung, Das Leben des hl.Fridolin Seite 11, 12

Eine Bemerkung aus einer alten Chronik könnte sachlich richtig sein, hat aber mit dem Namen Säckingen wahrscheinlich nichts zu tun.
Zitat S. 11: „Diese statt hat iren namen von den Sequanis, und nit von dem Sack, de sy im waapen fürend: dann dieweyl der Rauracer landschafft der Sequaner Provinz zugethon ist gewesen, wurdend sy auch Sequani genennt."
[123] Henricus Murer, Helvetia Sancta / Heiliges Schweizer Land 1641/1751, Seite 63, Zitat: „... langen Reiß in die Insul/ so Seckingen/ und vor Zeiten Sacconium genannt worden. Dises Ort ware den uralten Römischen/ und Teutschen Kriegsleuthen wohlbekannt/ aber nachmals also zerstört/ dass es zu einer wilden Einöde worden."
[124] http://de.wikipedia.org/wiki/Bad_Zurzach, 06.11.2010
[125] Margrit Koch, Sankt Fridolin und sein Biograph Balther, Fretz und Wasmuth Verlag, Zürich, 1959, Seite 38
[126] http://de.wikipedia.org/wiki/Petrus_Damiani,
[127] http://de.deutsche-biographie.de/artikelINDB_n20-229-02.html
[128] Sulpicius Severus, Das Leben des heiligen Martin, Reclam Verlag Seite 104
[129] Gerhard Herm, Die Kelten, Rowolt Taschenbuch Verlag, 1977 Seite 317
[130] Sulpicius Severus, Das Leben des heiligen Martin, Reclam Verlag Seite 104, 108, 109, 111, 112
[131] Sulpicius Severus, Das Leben des heiligen Martin, Reclam Verlag Seite 11
[132] Sulpicius Severus, Das Leben des heiligen Martin, Reclam Verlag Seite 104
[133] Sulpicius Severus, Das Leben des heiligen Martin, Reclam Verlag Seite 17
[134] Sulpicius Severus, Das Leben des heiligen Martin, Reclam Verlag Seite 19
http://de.wikipedia.org/wiki/Martin_von_Tours
[135] http://de.wikipedia.org/wiki/Martin_von_Tours Seite 4

[136] Sulpicius Severus, Das Leben des heiligen Martin, Reclam Verlag Seite 25
[137] http://homepages.uni-tuebingen.de/peter.rempis/aalen/sqhm/martin/ma vom 22.08.2010, Seite 30
[138] http://words.fromoldbooks.org/Chalmers-Biography/c/coustant-peter.html
Dr. Joseph Hubert Reinkens, Hilarius von Poitiers, eine Monographie, Schaffhausen 1864, Seite 225, Anmerkung 2, „Coustant vermuthet, es habe zwei Inseln mit dem Namen Gallinaria gegeben.
[139] Wie Fußnote 137
[140] http://homepages.unituebingen.de/peter.rempis/aalen/sqhm/martin/ma vom 22.08.2010, Seite 33
[141] Sulpicius Severus, Das Leben des heiligen Martin, Reclam Verlag Seite 30, 31, 120
http://homepages.uni-tuebingen.de/peter.rempis/aalen/sqhm/martin/ma vom 22.08.2010, Seite 26, 28, 30
[142] Mission und Christianisierung am Hoch- und Oberrhein, Jan Thorbecke Verlag, ISBN 3-7995-7360-7, Seite 170, 171
[143] Mission und Christianisierung am Hoch- und Oberrhein, Jan Thorbecke Verlag, ISBN 3-7995-7360-7, Seite 177
Merian, Topographia Sueviae 1643, Neue Ausgabe 1960, Bärenreiter Verlag, Seite 105
[144] Henricus Murer, Helvetia Sancta / Heiliges Schweizer Land 1641/1751, Seite 34 ff
http://www.heiligenlexikon.de/BiographienV/Verena.html
http:de.wikipedia.org/wiki/Heilige_Verena
http://la.wikisource.org/wiki/Vita_Posterior_Verena
[145] http://de.wikipedia.org/wiki/Heilige_Verena vom 06.11.2010 Seite 3
[146] Anna Hensler, Rund um die Vorarlberger Gotteshäuser, Heimatbilder aus Geschichte, Legende, Kunst Brauchtum, Bregenz 1936, Seite 16

http://www.sagen.at/texte/sagen/oesterreich/vorarlberg/Rheintal/gauge...
Merian, Schwaben 1643, Neue Ausgabe 1960, Bärenreiter-Verlag, Kassel und Basel, Seite 200 (Ulm)
[147] Luise von Winterfeld, Geschichte der freien Reichs- und Hansestadt Dortmund, Verlagsbuchhandlung Fr. Wilh. Ruhfus, Dortmund, Seite 95ff
[148] Henricus Murer, Helvetia Sancta / Heiliges Schweizer Land 1641/1751, Seite 66, 67
[148] J. Schuler, Sankt Fridolin 1904, 1.Buch, Das Leben des hl.Fridolin Seite 58, 59
[149] Merian Topographia Germaniae, Elsass 1663, Neue Ausgabe 1964, Bärenreiter-Verlag Kassel und Basel, Seite 50
[150] http://www.sagen.at/texte/sagen/oesterreich/vorarlberg/rheintal/gauge
[151] Henricus Murer, Helvetia Sancta / Heiliges Schweizer Land 1641/1751, Seite 64
J. Schuler, Sankt Fridolin 1904, 1.Buch, Das Leben des hl.Fridolin Seite 73
[152] J. Schuler, Sankt Fridolin 1904, 1.Buch, Das Leben des hl.Fridolin Seite 74
[153] Henricus Murer, Helvetia Sancta / Heiliges Schweizer Land 1641/1751, Seite 65
[154] Johannes Künzig, Schwarzwald-Sagen,1930, Neuauflage 1976, ISBN3-424-00567-3
[155] J. Schuler, Sankt Fridolin 1904, 1.Buch, Das Leben des hl.Fridolin Seite 77
Henricus Murer, Helvetia Sancta / Heiliges Schweizer Land 1641/1751, Seite 65
[156] J. Schuler, Sankt Fridolin 1904, Einleitung, Das Leben des hl.Fridolin Seite 40
[157] Henricus Murer, Helvetia Sancta / Heiliges Schweizer Land 1641 / 1751, Seite 67
[158] http://www.ksg-jena.de/folder/canisius2.html

J. Schuler, Sankt Fridolin 1904, Einleitung, Das Leben des hl.Fridolin Seite 51/52

[159] J. Schuler, Sankt Fridolin 1904, Einleitung, Das Leben des hl.Fridolin Seite 58-63

Fridolin Hauser, Näfelser Geschichten, Herausgeberin Gemeinde Naefels 2005, ISBN 3 85546 170 8

[160] J. Schuler, Sankt Fridolin 1904, Einleitung, Das Leben des hl.Fridolin Seite 66/67

[161] J. Schuler, Sankt Fridolin 1904, 1.Buch, Das Leben des hl.Fridolin Seite 93-99, / Geschichte der Reliquien des hl. Fridolin von der Brandkatastrophe vom 17.August 1272 bis zu der Aufstellung des silbernen Reliquienschreins im Jahre 1764

[162] J. Schuler, Sankt Fridolin 1904, 1.Buch, Das Leben des hl.Fridolin Seite 86-97

Henricus Murer, Helvetia Sancta / Heiliges Schweizer Land 1641 / 1751, Seite 67-69

[163] J. Schuler, Sankt Fridolin 1904, Einleitung, Das Leben des hl.Fridolin Seite 62-64

[164] Lexikon der Geschichte, Faktum Verlag, Random House GmbH, www.derclub.de, Buch Nr. 10528 8, Seite 567, 57, 200

In Nicäa fand 325 das 1. ökumenische Konzil statt, auf dem gegen den Arianismus und für die Lehre des Athanasios entschieden wurde. Es ging um die Wesensgleichheit zwischen Jesus Christus und Gott Vater.

Ebenfalls wurde auf dem Konzil der Donatismus, eine Bewegung, benannt nach Bischof Donatus von Kartago/Nordafrika (gest. 355), verworfen. Die Donatisten forderten alle offensichtlichen Sünder aus der Kirche auszuschließen und die von sündigen Priestern gespendeten Sakramente für ungültig zu erklären.

[165] http://www.lebensräume-div.de/tuan/seite7.html, 27.04.2009

[166] Gerhard Herm, Die Kelten, Rowohlt Verlag 1977, ISBN 3 499 17067 1 Seite 316

Das DBG (Deutschebuchgemeinschaft) Lexikon, 1957 Ullstein Verlag, Band 3, Seite 76

Katholischer Erwachsenen-Katechismus, 1985, Seite 1326
Jürgen Elvert, Geschichte Irlands, dtv 2003, ISBN 3-423-30148-1,
Seite 53
[167] Jürgen Elvert, Geschichte Irlands, dtv 2003, ISBN 3-423-30148-1,
Seite 53
[168] http://de.wikipedia.org/wiki/Keltische_Kirche, vom 07.12.07, Seite1
[169] Gerhard Herm, Die Kelten, Rowolt Taschenbuchverlag 1977, Seite 322
[170] Jürgen Elvert, Geschichte Irlands, dtv 2003, ISBN 3-423-30148-1,
Seite 52, 53
[171] http://de.wikipedia.org/wiki/Keltische_Kirche, vom 07.12.07, Seite1
[172] Gerhard Herm, Die Kelten, Rowohlt Verlag 1977, ISBN 3 499 17067 1 Seite 325
[173] Hermann Noelle, Die Kelten, Verlag W.Ludwig 1974, Seite 230
[174] Gerhard Herm, Die Kelten, Rowohlt Verlag 1977, ISBN 3 499 17067 1 Seite 319, 321
http://de.wikipedia.org/wiki/Keltische_Kirche, vom 07.12.07, Seite2
[175] Jürgen Elvert, Geschichte Irlands, dtv 2003, ISBN 3-423-30148-1,
Seite 54
http://de.wikipedia.org/wiki/Geschichte_Irlands_(bis_800_n._Chr.) Seite 7
[176] Jürgen Elvert, Geschichte Irlands, dtv 2003, ISBN 3-423-30148-1,
Seite 54, 55
[177] J. Schuler, Sankt Fridolin 1904, 1.Buch, Das Leben des hl.Fridolin Seite 82, 83
[178] J. Schuler, Sankt Fridolin 1904, 1.Buch, Das Leben des hl.Fridolin Seite 82, 83

[179] J. Schuler, Sankt Fridolin 1904, 1.Buch, Das Leben des hl.Fridolin Seite 51-62

Literaturverzeichnis
Aufzeichnungen 1768-1783 von Wilhelm Heise und Markus Bernauer
Balow, Hans   Deutsches Namenslexikon München 1967
Berschin, W. und andere - Mission und Christianisierung am Hoch und Oberrhein, Jan Thorbecke Verlag 2000
Botheroyd, S.u.P. Lexikon der keltischen Mythologie, Wien 2004
Brockhaus   Lexikon   Leipzig 2006
Caesar   Der gallische Krieg   Köln 2005
Daten zur Weltgeschichte, Naumann u. Göbel Verlagsgesellschaft, ISBN 978-3-625-12036-0
Damals, Zeitschrift – 1993/08, Oppidum Manching,
Damals, Zeitschrift – 1994/11 Seite20
Deutsche Buchgemeinschaft / LexikonBerlin 1957
Die Bibel, Altes und Neues Testament Freiburg 1985
Elvert, Jürgen   Die Geschichte Irlands   München 1993
Hauser, Fridolin, Näfelser Geschichten, Herausgeberin Gemeinde Näfels 2005, ISBN 3 85546 1708
Harenberg, Bodo   Chronik des Ruhrgebiets   1986
Hefele, E.I., Geschichte der Einführung des Christentums im Südwestlichen Deutschland, Tübingen 1837
Herm, Gerhard   Die Kelten Rowolt, Hamburg 1977
Katholischer Erwachsenen Katechismus, Bonn 1985
Koch, Margrit – St.Fridolin und sein Biograph Balther, Frentz und Wasmuth Verlag, Zürich 1959
Konstam, A., Die faszinierende Welt d. Kelten, Bertelsmann 2004
Kortüm, Friedrich, Geschichte d. Mittelalters, Erftstadt, 1826/2007
Künzig, Johannes   Schwarzwaldsagen   Weinheim 1930/76
Lexikon der Geschichte, Faktum Verlag, Random House GmbH,
Lexikon.meyers.de/wissen/Fridolin+%28Sachartikel%29,
Lexikon, Das DBG-Lexikon, 1957 Ullstein Verlag, Band 3
Löpelmann, Martin Keltische Sagen aus Irland München 2004
Maggi, Stefano   Die Griechen   Bertelsmann 2007
Makale, Jean   Die Druiden   München 1989
Makale, Jean   Die keltische Frau   München 1984
Merian, Topographia Germaniae, Schwaben 1643, Neue Ausgabe, Bärenreiter Verlag, Frankfurt/Kassel 1960

Merian, Topographia Germaniae, Elsass 1663, Neue Ausgabe Bärenreiter Verlag 1964
Murer, Henricus   Helvetia Sancta   St. Gallen 1641 / 1751
Neues Testament, Apostel Paulus an die Galater
Noelle, Hermann   Die Kelten   Wiesbaden 1975
Römer (Die) in Bayern, ISBN 978 3 937872 11 7
Rotteck, Karl von, Allgemeine Geschichte, Braunschweig 1861
Reinkens, Dr.Josef Hubert – „Hilarius von Poitiers", eine Monographie, Schaffhausen 1864
Readers Digest, Kult der Kelten ISBN 3899150767
Schlosser, Fr.Chr.   Weltgeschichte   Berlin –1900?
Schuler, Josef   Sankt Fridolin,   Säckingen 1904
Sulpicius Severus, Vita Sancti Martini, Reclams Universal-Bibliothek, Nr.18780, ISBN 978-3-15-018780-0
Thurneysen, R. ,Variante der St.Brendan-Sage, Halle/Saale 1914
Wolfram, Herwig Die Geschichte der Goten   München 1979
Winterfeld, Luise von, Geschichte der freien Reichs- und Hansestadt Dortmund, Verlagsbuchhandlung Fr. Wilh. Ruhfus, Dortmund

Internet / Wikipedia,folgende Fußnoten: 1,4,24,27,39,104,126, 134,135,144,145,168, 171,174,175
Sonstige: 22, http://www.ucc.ie/celt/online/D207007.html vom 03.05.2010
http://www.lebensräume-var.de/maeldun/anmerkungenhtml
29 http://www.lebensraeume-div.de/tuan 67 irische Könige
http://www.spiegel.de/wissenschaft/mensch/0,1518,druck-7897
112   http://www.spiegel.de/wissenschaft/natur/0,1518,druck-739 422,00.html vom 15.01.2011
127   http://de.deutsche-biographie.de/artikelINDB_n20-229-02.html
140   http://homepages.uni-tübingen.de/peter.rempis/ aalen/sqhm/martin/ma vom22.08.2010
144 http://www.heiligenlexikon.de/BiographienV/Verena.html
146 http://www.sagen.at/texte/sagen/oesterreich/vorarlberg/Rhein
158   http://www.ksg-jena.de/folder/canisius2.html

Personenregister

Abra 54
Adelsius 56,58, 59, 60,
Aetius 54
Ägypter, 46
Aidan von Iona 138
Alamannen 92
Alanen 54,75,
Alarich 52,
Alarich II. 13, 57
Alemannen 49,68,75,79,87
Alkunin, 14,
Ambrosius Aurelianus 48
Amergin, 30,
Ananos II. 121
Anastasius 52
Angeln 48,60,
Angelsachsen 61
Ard Ri - Großkönig, 33
Arianer 52,
Arius 53,54, 55 ,
Attila 54,76,93
Augustin Calmet 103
Augustinus 55,118,137, 138
Augustinus,
Aurelius 137, 138
Auverner 52
Auxentius 55,85
Baird, 40,41,
Baldebrech (Baldeberto) 93, 95
Balderich von Speyer, 9
Balther,9,15, 48,63,72,73, 77
Banba, Königin, 30
Barden, 40,
Basler 116,
Beda, Venerabilis 123
Beothach, Sohn des Jarbonel, 29
Berta 108
Berta von Turin 82
Bile, 26
Brandenberg, Franz Carl 112
Brendan,St./ Brenain,19,20
Bres, 29
Brigid von Kildare 125
Britanier, 37
Brithem, 42
Bubulcus (Bovicus) 76
Burgunder 70, 75
Cadwallon 61
Caesar Julian 55 89,
Caesar, 14,23, 30,35,37,39,40 43,44,46,
Canisius 71, 104
Céile = Klient/ Gefolgsmann, 31
Cenn fine – Vater, 31
Chlodwig,13, 49,50,51,52,58 59,62, 64,77, 93,99,
Chrodegang 72,
Chrotechildis 49,50,51, 93
Cicero, 39,
Claudianus 72
Coelestin I., Papst, 16,84, 118, 119, 138
Colman 122,
Columban 24,38 57
Conn Cetchath

- Held der hundert Schlachten, 34
Conradus, 64
Conranus, 13,
Constantinus, röm.Kaiser 53,
Coroticus 124
Cruitire, 42
Cumal-Knecht, 32,
Dealgnat, 27
Decius 56.
Deogbaire, 42
Diokletian 69, 74, 91
Dionysius v. Mailand 55,89,
Dis (Gott), 42
Drui, 40
Druiden, 14, 38,39,40,42, 122
E.I.Hefele, Prof. 18,
Eddo 73,76
Edwin v. Northumbria, König 138
Eochaid, 28,
Eognachta, (Connachta),= Volk, 32
Epona, Gottheit,17,
Erain, 39,45,
Erainn, 26
Erammitius 76
Eriu, Königin, 30
Ethelbert v.Kent König 138
Eusebius v. Vercelli 55,89,
Exruperantius 74
Faith, 42
Felix 72,74
Feni - Adlige, 31
fer fognama - „dienender Mann, 36,
fer for ban = Untertan einer Frau, 36,
Fergus mac Roich / Fergus I. , König,. 20
Filid, (file) 40,
fine = Familie, 31
Finan,(Fintan), 27
Fir Bolg,28,29
Fir Domhnain, 28
Flaithi - Freie, 31
Fodlha, Königin 30,
Fomorier, 27, 28, 29,44
Fortunatus 89,
Fraefel, Al. 116
Franken 49,52, 75
Fridolin 11, 35 ab 2.Kap. S.48 ff ab Seite 75ff 108 ff 126 ff
Friedrich I. Barbarossa 109
Gailion, 28,
Gallier, 43, 44,
Gallus 57
Gela 78,95
Gepiden 75
Germanus, Bischof 118
Gildas, 44
Glockenbecherkultur, 26
Gmür, 116
Grammantius 76
Gregor d. Gr., Papst 138
Gregor v. Tours 49,
Gregor VII, 82
Grieche, 46
Gutuater, 42
Habsburg, Rudolf Graf von 111
Habsburger, Herzog Rudolf

IV von Öster-
reich 112,114
Hack, Josef
Anton von,116
Hatto III. 91,
92
Heinrich III 82
Heinrich IV 82
Helvetier, 79
Hermiger 110
Heruler 75
Hieronymus,
45,
Hilarius 54,55,
56,57,59,61,62
81,83,84,86,87
89,90,114,126
Hildebrand 82
Hironymus
118
Hl. Nabor 71
Honorius, 34
Hornstein-
Göffingen,
Anna Maria
von 113
Hospitalier –
Beherberger,
32
Hunnen 54,76,
Inder, 46
Iverner, 26
Jacob Wyß
114
Jakobus hl. d.
Ältere 121
Jarbonel, 29,

Johannes, Bru-
der d. Jakobus
121,122
Josef Tschudi
114
Jüten 48, 60,
Julian 87,
Jungthungen,
68
Justinianus
69,76
Karl d. Gr. 14.
121
Karl Martell
72,
Kelten 122
Keltiberer, 30
Konstantin,
Kaiser 55, 56,
69,89
Landolph
74,94 96
Latene-Kultur,
26
Lebor Gabala
Erenn, - Lite-
ratur 30
Legio I. Martia
69
Legio VIII,
Augusta 69,
Leo IX 82,
Leonhard, hl.
93
Liaig, 42
Liberius, Papst
53,

Libinus 87
Loegaire mac
Neill, 11,14,
16, 34,35,119
Lucifer v.
Cagliari 55,89
Ludwig d.
Fromme 109
Ludwig II. der
Deutsche 108,
109
Lugh, 29,
Lukian, 46
Mac Cecht,
Sohn des
Pflugs 29
Mac Cuill,
Sohn des Ha-
selstrauchs, 29
Mac Greine,
Sohn der Son-
ne, 29
Margarethe
Zieggin 114
Martin 56,81,
83,84,86,87 ,
88 ,89, 90
Maximinian,
56, 74,76
Maximus 76
Maximus
/Maximinius
76
Megalith-
Kultur, 25, 28,
Menlio 110
Mesolithische

Jäger u.
Sammler, 25
Mil, 30,
Milesier 26,30,
122
Mug = Sklave,
32
Nabor 72,
Nemed, -er,
27, 28,
Nennius, 28,
Niall Noigial-
lach, 11, 34,
45, 119
Notkerus 71
Nuada, 29
Oenach =
Stammesver-
sammlung, 31
Oes Dána, 42
Ollamh, 41
Oswald v.
Northumbria,
König 61,138
Palladius Bis-
chof 16,118,
119,138
Pantalus, hl.
116
Partholan, 27
Patricius (Pat-
rick) 138
Patrick hl. 45,
118,120,123,
124
Paulinus 138
Paulinus v.

Trier 55,89,
Paulus 121
Pelagius 118,
137,138
Perser, 46
Peter Coun-
stant 86,
Petrus Canisi-
us 71, 104,
Petrus Damia-
ni 81,82,83
Petrus, 121
Pikten 24,60
Pipin 72,
Plinius d.
Ältere, 40,
Pomponius
Mela, 44,
Predigermön-
che 111
Prosper Tiro,
45
Pruritius 72
Pythagoräer,
39,
Radageis, (got.
König) 75
Radogast 75
Ragnacharias
69,76
Rauricaner 79
Regula 74
Remigius
65,93
Rhetier 79
Ri = König,
31,

Roderick
O'Connar, 28
Römer, 34,46,
79,87,99,
Sachsen 24,60,
48
Salomea Hof-
mann 114
Saturninus 55,
Scelaige, 42
Schenk von
Castell zu
Schännis, Eva
116
Schönau, Ge-
schlecht derer
von 116
Schönau, Ja-
kob von 116
Scotta, 26
Scotti, 13,30
Semion, Sohn
des Strariat,
28,
Sencha, 41
Sidonius 73,76
Siegebald 72
Skyte, 46
Slainge, 28,
Stephan IX,
Papst 82
Strabo, 39,
Strariat, 28
Stumpf, Jo-
hann 74
Sueben 48,75
Sueton 83

Sulpicius Severus 56, 83, 84,88
Syagrius 49,57
Tailtiu, 28
Tea (Muttergottheit)= 33
Theobert 51,
Thuata de Danann, 28, 29, 30,
Tuan mac Cairell 117
Theodosius 60, 137
Thurneysen, R., 19

Ursincinus 72,76
Urso 97
Ursula, hl. 116
Ursus 93,94, 95, 98,128
Urso 97
Valens 55,
Valens, röm. Kaiser 53,
Valentinian I. 69
Valentinianus (hl.) 73
Vandalen 54, 75

Vates / Seher, 40,
Verena 90,92
Victor 138,
Von Pfirt 111,
Wachere 77,78, 94,97
Walter von Speyer 9
Weimar, Bernhard von 112
Westgoten, 51
Zadetti, Otto 116
Zosimus, Papst 118

Ortsregister

Aargau 137
Ägypten 30, 53, 122
Ailech, 34
Alemannien 51,
Alexandria 53,
Alt-Rapperswil (Altendorf) 134
Amiens 84,87
Andere Welt 29, 39, 43, 47

Antiochien 53,
Antrim (Grafschaft in Irland) 124
Aquitanien 48, 54, 58
Arles 55,84,
Armagh, 12,
Armorica = Bretagne 48,
Atzenbach 127,131
Augsburg 68,

129,137
Augusta Raurica 68,69
Baden 114
Basel 110,116, 134, 137
Beinwilertal 132
Bernweiler bei Sulz 66
Bettmaringen 112,115,127, 132

Beziers 55,89
Bibracte 81
Binzgen bei Laufenburg 127; 131
Birmenstorf 134
Birtis 132
Blatten, Schloss bei Montlingen, Vorarlberg, 129
Bleichheim 66, 129
Bollschweil 67, 130
Boyne, 34
Bregenz (Brigantium) 69
Breitenbach 132
Bremgarten im Kanton Aargau 67,114, 127,
Bretagne 48,
Brislach 133
Britanien 34,37, 38,
Britische Inseln 118,123
Brumath 63,64,
Bürgeln 134
Burgund 51,62,

Cagliari 55
Calchan, 36,
Cambrai 123
Candes 86
Canossa 82
Canterbury 138
Cantium,37,
Carthago 138
Cashel, 33
Chur (Alpina Rhaetia) 64,71, 72,76, 137
Churrhätien 92,
Clonard, Kloster, 19
Clonfert, Kloster, 20
Compostela 121
Connacht, Provinz, 29,124
Connaught, 33
Cornwall 48
Crannog, 36
Cruachain, 33
Dagsburg 63
Diegeringen 126
Dietikon 129
Dietlingen 132
Dietlingen/ Pfarrei Weilheim 127,
Dinh Rig, 33

Diözese Vindonissa /Windisch 69
Doppelschwand 134
Dortmund 94
Dottikom 130
Ebnet 67,130
Egg 126
Eichsel 131
Eiken 134
Einsiedeln 103, 117
Emain Magach, 12,33,34
England 48,60, 138
Ensisheim 65
Ephesus 118, 138
Erainn, 34
Eremitage St.Valentin 67
Erne,34
Faenza 82,
Falias, Stadt, 29
Feldkirch 66
Finias, Stadt, 29
Fisibach 134
Franken 66
Freudenau, Burg 130,
Frödisch 92
Frutz 92,

Fürstenberg 129
Gaiß, Pfarrei Waldkirch 132
Galgenen 134
Gallien 35,42,46 48,49,52,88, 119
Gallinaria 81,83 85,86,87 89
Gansingen 133
Gastra 93,
Geiswasser 65
Gipf 134
Gippingen 134
Glariss 73,74, 94,95,96,97,105, 106,
Glarus 73,115, 116,127,130,131 134,137
Glarus-Claronam 97,
Gorias, Stadt, 29
Görwihl 131
Griechenland, 28, 30,
Großlaufenburg 133
Gündlingen 67,127
Gwynedd 61
Hamburg 109,
Harpolingen 126
Häusern 132
Häusern bei St.Blasien 127
Heavenfield 61
Heidenhofen 129
Helera 62,72
Hellert 63
Hensikon 130
Herdern, Pfarrei Hohentengen 127,132
Herrischried 126,130
Herrischwand 126
Herthen 132
Hippo 138
Hochgastern 93,
Hochsal 131
Holderbank 133
Hornussen 126, 130,133
Im hinteren Bir-tis 133
Inzlingen 132
Iona 61,139
Irland, 28,30, 31,38,39,40,42 45,46,79,96,97 117,118,119, 120,122,123, 124,138

Istein 67,127
Ittental 126, 130
Jechtingen 128
Jechtingen am Kaiserstuhl 66,
Jerusalem 121
Juber Scéne 30,
Kaiseraugst 68, 76
Kaisten 126, 130,133
Kappel a. Rhein (Kappeln) 66,102
Katalaunische Felder 54
Katzenmoos 126
Kenmere, Bucht von, 30,
Kildare 12, 125,
Kleinlaufenburg 131
Klimakatastrophe, weltweit 73
Kloster Engelberg 116
Konstanz 73,76
Kreta, 30,
Krotzingen 67, 129
Kuchelbach

132
Kuchelbach/
Lachen 135
Lagin, 34
Langenricken-
bach 135
Laufen 133
Laufen, Kan-
ton Zürich
130,
Laufenburg
96, 112,126
Laufenburg,
Stadt und Burg
131
Leibstadt 135
Leimen 133
Leinster 33,
118,
Liel 67
Liesberg 133
Limonum =
Pictavium 54
Lindisfarne
122
Linthal 135
Lowerz 135
Luzern 117,
Magh
Tuireadh, 29,
Mailand 55,85,
138,
Maria Stein
116
Marmoutiers
88
Mettau 126

130, 133,
Mide 118
Mide, Provinz,
28,33,34,47
Minseln 132
Minversheim
64
Moyrein, 29,
Müsinen
92,93,
Mumpf 126
Munster, 33,34
Murg 126,130
Murias, Stadt,
29
Näfels 106,
115, 135
Netstal 135
Neuenburg 67,
129
Neustrien 48,
Nicäa
53,89,117, 120
Niederhof 126
Niedermumpf
133
Niederschwör-
stadt 126
Niedertrau-
bach bei Dam-
merkirch 65
Nikomedien
53,
Nordirland,
45, 46
Nordorf 135
Northumber-

land/Nordum-
bria 60, 61,139
Oberampringen 67,129
Oberdorf 135
Oberhof
126,130
Obermumpf
133
Obersäckingen
126, 131
Oberurnen
116, 136
Oberwürmlin-
gen 130
Obsthalden
136
Oeschgen 136
Orleans 58
Orontes 53
Otwesingen
130
Pamplona 48
Pannonien 85
Paris 77
Pfarrei Birn-
dorf 129,
Phrygien 89
Pictavium,-
Poitiers 54, 55,
Poitiers 52,54,
55 56,57,58,61
62,85,87,88,90
103,115,117,
Praedium
Ortiacum 81
Rankweil 92,

93, 94,95,96,
97,98,117
Rankweil,
Vorarlberg
129
Ravenna 82
Regensburg 68
Reichenau 91,
92
Rhaetien 62,
68
Reiselfingen
129,132
Rheinau
65,102
Rheinfelden
136
Rheinsulz 133
Rhina 126
Riedt 136
Rippolingen
127
Rom 121, 138
Rorschach 136
Rosenau gegenüber Istein
66
Ryburg 136
S. Cloud in
Dakota (USA)
116
Saarburg 63
Sabaria/Szombathely (Stein
am Anger) 83,
Sacconium 80

Säckingen
49,57 68,69,70
71,7576,77,79,
80,82,85,86,87
90,91,94,96,97
98,99104,105,
107,108,109,
110,111,112
113,114,115,
116, 131,133,
135,137
Säckingen,
Nonnenkloster 98
Saint-Avold
72
Sancionum 80
Sanctio 87
Saragossa 48,
Sarmersdorf
130
Schachenecker
Hof 63,
Schännis,
Kanton St.
Gallen 116,
Schellenberg
127
Schlatt 67,129
Schliengen
127, 130
Schottland 123
Schupfart 133
Schwanden
136
Schwarzbubenland 133

Schwörstadt/-
Stetten
130,131
Secana 80
Secanis 80
Seckingen 80
Seconium 80
Sequana 80
Sequanium 80
Sickingen 80
Sidh, Welt der,
30,
Sisseln 136
Skytien, 30
Slamish 124
Soissons 57
Solothurn 90,
137
Spanien 119,
122
St. Blasien
112, 115, 132
St. Gallen 71,
117, 137
Stein 127,133
Steinbach 65
Stetten/ Lörrach 127,129,
130
Stilli, Fähre
bei, unterhalb
von Brugg im
Kanton Aargau 131
Stoßweiler bei
Münster 65
Straßburg 63,

64, 137
Sulz 127,130, 133
Tailtiu 30,
Tara, 14,16,28, 32,33,34,47, 118
Tasgetium - Eschenz 69
Tenedo 81,91
Theben 90
Thimoos 127
Thurgau 137
Ticium(Pavia) 83
Tory Island, 28,
Tours 52,86,88
Trier 55,88
Tuffertswil 136
Uecken 136
Ufenau, Insel im Zürichsee 131
Uisnech, 34,47,
Ulaid, 34

Ulm 51,93,
Ulster, 33,34, 124,
Ustersbach 129
Vercelli 55
Vermeta/ Vermetica 90
Vienne 84
Vogelsang 136
Vouglé 52
Waiblingen 51, 93
Waldkirch 132
Waldkirch bei Waldshut 129
Waldshut, 131
Wales 48,123
Wassenheim 63
Wegenstetten 133,136
Weilersbach bei Villingen 130
Wettolsheim 65
Whitby 139

Whitby/Northumbria 122, 123
Wiehre bei Freiburg 66
Wien 115
Windisch 76,136
Witterschwil 133
Wittnau 136
Worms 84,87
Y Bresail – Amerika, 29
Zechenwihl 127
Zeiningen 136
Zell im Wiesental 129,130, 131
Zülpich 49,
Zürich 73,74, 109, 136
Zurzach 81,90
Zuzgen 127,130, 13
